教育管理与教学研究

罗胜阳◎著

线装书局

图书在版编目（CIP）数据

教育管理与教学研究 / 罗胜阳著. -- 北京：线装书局,2024.2
ISBN 978-7-5120-5992-4

Ⅰ. ①教… Ⅱ. ①罗… Ⅲ. ①高等学校－教学管理－研究 Ⅳ. ①G647.3

中国国家版本馆 CIP 数据核字(2024)第 054944 号

教育管理与教学研究
JIAOYU GUANLI YU JIAOXUE YANJIU

作　　者：	罗胜阳
责任编辑：	白　晨
出版发行：	线装书局
地　　址：	北京市丰台区方庄日月天地大厦 B 座 17 层（100078）
电　　话：	010-58077126（发行部）010-58076938（总编室）
网　　址：	www.zgxzsj.com
经　　销：	新华书店
印　　制：	三河市腾飞印务有限公司
开　　本：	787mm×1092mm　1/16
印　　张：	11.25
字　　数：	250 千字
印　　次：	2025 年 1 月第 1 版第 1 次印刷
定　　价：	68.00 元

前　言

教育教学管理是人才培养的重要层面，怎样促进创新教育思维的形成越来越成为教育工作者关注的热点。培养和提高创新思维能力是促进教育教学管理发展必不可少的重要措施，教育教学管理中创新思维的融入不仅仅是转变教师与学生的思想观念，更重要的是转变学校管理层的教育管理观念。基于此，本书主要研究高校教学应当及时转变思维理念，探索新型的管理机制与教育模式，内容共分为八章，第一章概述了教育教学管理的概念、本质、属性以及特点；第二章分析了教育教学管理的原则与应用；第三章探究创新思维交流与教学管理的理念、定位、结构与机制等相关内容；第四章研究了创新思维教育教学管理的实践，重点论述了创新教育教学管理的方法、思路、策略以及评价；第五章研究了创新思维教育教学管理的变革与创新，针对教育教学学管理机制、常规管理、管理模式以及管理信息化创新展开论述；第六章研究了创新思维教育的教学质量与学生管理；第七章研究了创新思维教育教学的课程内容管理；第八章探究了创新思维教育教学管理机制的建设，研究内容包括辅导员队伍建设与班主任队伍建设。

本书在撰写的过程中，参考、借鉴、引用了国内外知名教育专家学者们的学术著作、期刊论文等研究成果，在此向专家们表示诚挚的谢意，所使用资料大部分已在文后的参考文献中标注来源，但由于文献时间年限以及来源准确的问题难免有文献遗漏，还望相关专家海涵，作者在此再次向相关专家学者们表示诚挚的谢意与敬意。本书内容合理、学术性强，旨在丰富当前创新思维教育教学管理的新模式，促进创新思维教育教学管理的发展。

编委会

王春宜　李书斌　汤　雯
苗金霞　邬晓娟　梁志茹
张　蕾　黄鹜雯　魏　萍
周慧艳　向莎莉　敬　缘
陈　鹏　都丽娜　马丽丽
赵　叶　黄扬萍　陈玉玲

目 录

第一章 教育教学管理概述 (1)
    第一节 教育教学管理的概念 (1)
    第二节 教育教学管理的本质 (5)
    第三节 教育教学管理的属性 (13)
    第四节 教育教学管理的特点 (14)

第二章 教育教学管理的原则 (17)
    第一节 教育教学管理的基本原则 (17)
    第二节 教育教学管理的原则应用 (20)

第三章 创新思维教育教学管理的理念 (28)
    第一节 创新教育教学管理简述 (28)
    第二节 创新教育教学管理的定位 (31)
    第三节 创新教育教学管理的结构 (34)
    第四节 创新教育教学管理的机制 (37)

第四章 创新思维教育教学管理的实践 (44)
    第一节 创新教育教学管理的方法 (44)
    第二节 创新教育教学管理的思路 (47)
    第三节 高等教育教学创新的策略 (61)
    第四节 创新教育教学管理的评价 (67)

第五章 创新思维教育教学管理的变革与创新 (71)
    第一节 教育教学管理的机制 (71)
    第二节 教育教学的常规管理 (74)
    第三节 教育教学的管理模式 (82)
    第四节 教学管理信息化创新 (84)

第六章 创新思维教育的教学质量与学生管理 (89)
    第一节 教学质量的管理创新 (89)

第二节　高校学生的管理创新 …………………………………（104）

第七章　创新思维教育教学的课程内容管理……………………（121）

　　第一节　课程与高校课程 …………………………………………（121）

　　第二节　高校课程管理的原则 ……………………………………（127）

　　第三节　高校课程管理的意义 ……………………………………（129）

　　第四节　高校课程管理创新发展的策略 …………………………（130）

第八章　创新思维教育教学管理机制的建设……………………（148）

　　第一节　教育教学管理的辅导员队伍建设 ………………………（148）

　　第二节　教育教学管理的班主任队伍建设 ………………………（156）

参考文献 ………………………………………………………………（168）

第一章 教育教学管理概述

第一节 教育教学管理的概念

一、管理的一般概念

管理一般是指在特定的环境下,对组织所拥有的资源进行有效的计划、组织、领导和控制,以便完成既定的组织目标的过程。前面,我们在学科体系的理论研究中也提到过,管理是人们依据社会发展的客观规律和在特定历史条件下对各种规律的表现方式进行有意识地调节社会系统内外的各种关系和资源,以便达到既定的系统目标的过程。很显然,这两个方面的表述并不矛盾,只是表述的方式稍有差别而已。前面的表述直接一些,比较简练直观,后面的表述比较宏观一些,从社会系统和方法的角度进行表述,这一表述的含义包括以下三个方面。

第一,管理是为实现组织目标服务的,是一个有意识的、有目的的活动过程。管理是任何组织不可或缺的,但绝不是孤立存在的。只要有组织及其活动,就存在管理问题。就管理本身而言,管理不具有自己的目标,不存在为管理而管理,没有活动也就不存在管理问题,管理是依附于活动而存在的,组织活动的目标就是管理的目标,而管理是服务于组织目标的。

第二,管理活动是通过一系列相互关联的资源要素所进行的,管理工作就是要综合运用组织中的各种资源要素,通过计划、组织、控制等来实现组织目标,达到活动的目的效果,这就成为管理的基本职能。

第三,从管理本身来讲,管理活动应该按照自己的规律进行,但是,现实管理活动中的资源并不是孤立存在的,管理工作是在一定环境条件下进行的,管理是一种社会活动,有效的管理必须充分考虑组织的特定环境。

对于管理的分类，现代管理一般可以从多个方面进行划分。一是从活动的规模大小可以分为宏观管理和微观管理，二是从具体的活动内容可以分为综合管理和专项管理。另外，从管理的形式上，又可以分为紧密管理和松散管理。当然，这些区分也只是相对的。

二、管理的基本理论

管理的基本理论有很多，特别是随着现代社会的发展，人们的认识水平不断提高，社会活动不断丰富，社会财富与利益驱动机制更加强烈，新的管理理论在创新、在发展。而系统管理理论、人本管理理论、目标管理理论、标准化管理理论、组织管理理论、模糊管理理论、混合管理理论等只是众多管理理论中的一部分，他们既是管理的理论，也是管理的思想和方法。

（一）系统管理理论

系统管理理论指出，管理的任务就是协调系统中的各个子系统以及系统要素，以保持系统的动态平衡，取得系统最佳运行效果。这种管理理论及其方法的核心是把管理作为一个整体的系统，系统就要有系统要素，系统要素就是人、物、活动及其项目。这种管理理论和方法一般应用在大的军事战略、建设工程、大型活动（内容复杂、组织规模大、投入量大、长时间与长周期）较为合适，当然，这些也只是相对的，因为大和小本身就是相对的。

（二）人本管理理论

人本管理理论和方法是以人为中心的管理，实际上，这种管理理论与方法是最难以做好的，如果把握不好，甚至有时候还会出现偏颇。有效的人本管理实质是人的权力的利用和利益的分配，在这种过程中，既要尊重人，又要让人的潜能充分发挥，是一对很特殊的矛盾，往往有时候存在一个两难的矛盾。以人为本的管理目的就是发掘人的最大潜能，这种潜能并不完全是指被管理者的，同时也包括管理者，管理者的潜能是工作的积极性和表现出来的工作效益，被管理者的潜能是管理者的思想和艺术施加结果的体现，二者的结合才能达到管理的最佳效果。人本管理理论虽然是一个相对比较早的管理理论，但是在实践中成熟应用的并不是很多很好。究其原因，传统的、单纯的人本管理理论十分强调管理的"人"这个素质，可以说，低素质的人是绝对运用不好人本管理理论的，一个管不好自己的人同样地也是管理不好别人的，更不用说有效地运用好人本管理理论。不过，现代的人本管理理论加入了一些新的元素，可以说是现代的人本管理理论的发展。

（三）目标管理理论

目标管理理论和方法是一种与利益相关联的刚性管理模式。这种管理理论和方法实际上是与价值理论密切相关的，甚至可以说是以价值理论为基础的。目标管理理论要有一个预先设置的价值目标，然后以这种价值目标的实现为核心而展开。价值目标的认同是关键，是目标管理的前提。价值目标的确立也是十分重要的，价值目标必须通过全体成员认同，目标管理理论强调组织目标的制定要得到所有组织成员的认同，没有认同感的组织目标是不切实际的目标，是难以达到组织目标的。有人说目标管理只是注重结果，这是十分错误的，最新的目标管理理论不仅仅是注重管理活动的一头一尾，除了最先确定的价值目标、最终对完成价值目标的检验结果，还对过程实施严格监督，让目标按既定的方向完成，不要等到问题成了堆，最后成为一个很糟糕的结果，既成事实不是目标管理的目的，要让管理者与被管理者通过共同地努力，一步一步地向既定目标靠近。实现以价值目标为中心而组织的目标管理活动，是一种刚性的量化管理，因此执行也是刚性的。目标管理理论除了注重价值目标，具体的应用还有一个公平理论问题，这是由目标管理理论的刚性所决定的。

（四）标准化管理理论

这种管理理论和方法是在专业化管理的基础上，由管理者组织专家制定管理的标准，要通过一定的法律法规程序予以确定。这种管理的思想十分明确，最朴素的道理就是"没有规矩不成方圆"。标准化管理虽然是组织和专家行为，但标准并不是武断和空穴来风，既要有权威性，又要有社会基础和群众基础，通过科学的过程来制定。在这一过程中有两个十分重要的环节，一个是标准的制定，另一个是标准的执行。第二个方面是标准化管理的要害，有时候可能还是成败的关键，在管理活动中，有了标准不好好地执行，或者执行起来走样，必将导致标准化管理的全面失败。当然，这不是标准化本身的问题，是实施标准化管理的实践问题。

（五）组织管理理论

组织管理理论和方法的实质是最高决策层通过设置管理的各级组织，规定各级组织的职能，通过领导核心、组织授权、组织实施等进行的管理。组织管理的重点是组织结构的设计，关键是组织职能的授权。同时，也有人把它归结到组织的层级管理理论、组织的能级管理理论、组织的行为管理理论。组织管理理论要有严密的组织结构，要有明确的组织目标和组织功能，同时，要有一套有效的组织运作机制，否则，再好的科学组织，再完善的组织功能，没有好的运作机制不可能活起来，甚至导致组织管理活动不可能有效地展开。

（六）模糊管理理论

这是一种现代的管理思想和方法，特别是在软管理方面，运用模糊教学的管理思想与技术进行管理。这是一种在高层次的人群中实施的行为管理，是一种软性管理。简单管理没有必要运用模糊管理，一般是在复杂的、庞大的、中长周期的、高智商的管理活动中实施。实际上，我们通常的组织活动中，特别是比较大的组织系统中，运用的比较多的是混合管理模式。混合管理是一种多种管理思想和方法的组合，在规模比较大的大型组织中，管理的内容又比较复杂，头绪又很多，多种活动项目的性质差距较大，运用某一种方式进行全盘的统领往往是不可能的，这就需要运用混合管理的理论和方法来完成。

三、高等教育管理概念

根据高等教育的目的和发展规律，调配高等教育资源，调节高等教育系统内外的各种关系，进行有效地计划、组织、领导和控制，以便达到既定的高等教育系统目标的过程。这是通常给出的高等教育管理的定义。

从教育管理的层面上讲，高等教育是中等教育基础之上的教育，从管理分类上讲，也可以分为宏观高等教育管理和微观高等教育管理。

从管理的内容上讲，可以分为宏观高等教育管理中的战略规划管理、宏观调控管理，微观高等教育管理中的教育组织内部具体教育管理活动。

从定义分析，高等教育管理具有三层涵义：

第一，高等教育管理的依据。高等教育管理的概念首先指明高等教育管理活动的依据是高等教育的目的和发展规律。高等教育的目的是为社会提供各级各类的高级专门人才，各级各类高级专门人才的教育是指：在类别上为普通高等教育、成人高等教育；在性质上为公办高等教育、民办高等教育；在层次上为专科教育、本科教育、研究生教育。这些教育的目的和目标是管理的根本依据。高等教育受到学生身心发展的影响，通过德育、智育、体育、美育等过程，培养全面发展的人，只有把人作为社会关系的总和来看待，才能对人的发展有全面地理解。因此，各级各类教育过程都有其自身的客观内在规律，只有正确认识它们的客观规律，才能实施科学的管理。

第二，高等教育管理的任务。高等教育管理的概念指出了高等教育管理的任务，那就是有意识地调节高等教育系统内外各种关系和高等教育资源，以适应高等教育系统发展的客观规律。从一个国家或者地区来讲，高等教育系统是国家或者地区社会系统中的一个子系统，从高等教育组织系统来讲，高等学校也是一个社会子系统。由于系统中存在着多种矛盾，因此，高等教育管理的任务就是协调并最终解决系统中存在的矛盾。在高等教育管理中，要用系统论的眼光来设计高等教育的整体和各部分之间、要素与要素之间、学校系统与外部环境之间、学校系统内部的子系统之间的相互关系，树立整体的观念，并通过有效地管理实现系统要素间的整体优化。

第三，高等教育管理的目的。高等教育管理的概念还指明了高等教育管理的结果是不断促成高等教育系统目标的实现。高等教育管理的目的最终也只是高等教育目的的一种辅助性（工具性）目的。在高等教育系统中，培养人的目的是高等教育的根本目的，高等教育系统的一切工作（包括管理工作）都必须围绕这一目的展开，对高等教育系统中各种关系和资源的协调构成了高等教育管理的目的，它的目的是通过有效地管理，确保高等教育实质性目的的实现。因此，高等教育管理最终也只能是手段。当然由于高等教育管理有其自身的需要，其自身也有目的，如效率就是管理的目的之一，但它是通过有效地管理来保证高等教育目的的有效实现的。

综上所述，不论是宏观的高等教育管理，还是微观的高等教育管理，所依据的是国家的教育方针，组织的发展目标，活动的游戏规则，高等教育的基本规律，社会政治、经济、文化的发展背景与环境，通过立法、行政、经济、市场等手段进行协调和控制，保证高等教育人才培养质量、推动科学文化知识创新、促进社会进步等目标的实现，最终实现高等教育的可持续发展。

第二节 教育教学管理的本质

一、教育管理的行为

（一）管理行为

管理活动中的行为具有其特殊的表现形式，它是管理过程和效果的具体体现，过程和效果反映了管理活动的基本特征，那么，要认识管理的这些过程及效果，必须首先分析管理行为，以及这些行为与效果有什么关系。

管理方格理论是由罗伯特和穆登提出来的。基于人们对主管人员的一种要求，即不仅要关心生产而且要关心人的重要意义，他们巧妙地设计了一个方格图以醒目地表示这种"关心"。他把这种方格图作为训练主管人员和明确各种领导方式之间不同组合的手段。这种方格有两个维度，横向维度是"对生产的关心"，纵向维度是"对人的关心"。

"对生产的关心"一般认为是对工作所持的态度，诸如政策决定的质量、程序与过程、研究的创造性、职能人员的服务质量、工作效率以及产品质量等。

"对人的关心"也包括许多因素，诸如个人对实现目标所承担的责任、保持下属的自尊、建立在信任而非顺从基础上的职责、保持良好的工作环境以及具有满意的人际关系等。

这里列出了以下几种类型的管理方式：

1.贫乏的管理

为完成工作和保持组织士气所需要的最低限度的努力。这种主管对职工、对生产的关心很不够，他只以最少的努力去完成应做的工作。这种管理是很少见的。

2.权威与服从管理

以几乎不考虑人的因素影响的方式安排工作、获取效率。领导只关心生产，他试图把人的因素降低到最低程度，以达到完成生产任务、提高效率的目的。

3.乡村俱乐部管理

周到地注意人们的需要而形成友善和舒畅的组织气氛与工作进度。领导者非常注重职工的需要，注意建立良好的人际关系。这种领导认为，只要职工心情舒畅，生产就能搞好，由此，他试图通过创造良好的工作环境，良好的人际关系来提高工作效率。

4.协作管理

一种松散的管理模式，是以一种协作者的心态，工作由所委任的人完成，他们因在组织目标上有共同利害关系而互相依赖，互相信任和尊重，并且相互协作。

根据管理方格的概念，领导者可以对自己的行为作出评价。但是它并不告诉我们，为什么一名主管人员会处于方格图中的此处或彼处。需要指出的是，"最好的"方式也只是从理论上说的，要领导者都成为理论上的那样的人也是困难的，每个领导者都应根据不同的环境和因素，选择不同的管理方式和管理行为。

（二）行为类型

在教育行政管理中。哈尔平等人总结出的管理的内容大致有两类：一是创建组织机构的行为（为了实现组织的目标），二是体贴关心下属的行为。

创建组织机构的行为是指领导者在描述自己与集体成员之间的关系时，致力于建立被充分限定的组织的类型，建立信息交流管道以及具体实施过程中的所作所为。这主要包括领导者为实现组织目标而与下属的各种相互作用，让下属了解自己的意图和态度；与下属一起实验或实施自己的新想法和新计划；指定下属去完成某些特定的任务；对工作进行检查和评价；制定推行某些标准、制度和规范；促进下属之间的相互合作等。体贴关心下属的行为是指领导者在与下属的相互关系中表示友谊、相互信任和尊重、温暖、支持、帮助以及合作的行为。对下属表示理解与支持；愿意倾听下属的意见；关心下属的个人利益；尽量与下属讨论商量问题，让他们参与组织计划；平等公正地对待下属；乐意进行改革；及时将下属的建议付诸实施等。

（三）高等教育管理中的领导行为

高等教育管理中的领导行为是一种主要的管理行为。这种管理行为同样可以分为两类，创建组织机构的行为和体贴关心下属的行为。高等教育的领导行为所针对的组织系统、组织目标、组织成员、人际关系等都有自己的特殊性，与其他许多社会系统的情况有所不同。比如，高等学校这一层次的管理中，领导者要全力完成的是教学与科研任务，两者又以人才的培养为核心。但是要搞好教学与科研工作，领导者还必须抓好有关的后勤配套工作，需要从各方面关心支持第一线的教学、科研人员。这就是上面所讲的两类领导行为。从理论上讲，领导者可以调整自己的行为，以适应某一特定的环境和任务。在实践中，领导者不能，也不应该只关注某一类行为，而应当根据具体情况决定采取什么样的领导行为。当然，在这种时候，领导艺术是帮助领导者取得成功的必备之物。在宏观高等教育管理中，国家和地方政府对高等教育组织，即高等学校的管理，其中之一就是规范高等教育组织中领导的办学行为，既要按照国家的政策规范办学，又要办出各自学校的特色，这既是矛盾的，又是统一的，最终的目标是一致的。具体地讲，在完成高等教育目标的过程中，各级领导者为实现目标而履行领导的职责时，其关注的行为领域主要有以下几种。

1.行政领导者的行为

它主要包括各级领导者或管理者作为负责人行使领导职责时的行为。领导者的职责就是对目标的实现或目标的改变所需的集体活动进行激励、协调与指导。各高等教育组织的领导，对围绕着高等教育系统目标进行的活动，在形式和内容上各有特色，即使是同一专业、同一课程的教学活动，在各校之间也是不完全一样的，更由于各校的教师、学生在知识水平、能力结构、兴趣爱好、心理需要以及性格特征、校园文化等方面存在着明显的差异，各高校的领导者为完成组织目标而行使领导职责时，所面临的环境条件各不相同，所采取的领导行为当然也是不相同的。

2.组织集体中的领导行为

这是指高等教育系统中的各级领导者，要为组织目标的顺利实现创造各种各样的条件，对于组织目标的顺利实现而言，领导者的行为所具有的作用分为直接作用和间接作用两个方面。直接作用包括：创建某些专门的组织机构和程序，指定专门的人选去负责完成某项或某方面的工作，对下属的工作进行检查与督促，聘请某一方面的专家能人等。间接作用包括：不直接参与各类具体的计划，但对计划的制定以及实施过程施加各种形式的影响。

二、高等教育管理的本质

高等教育系统相对于其他社会系统有其独特的活动主体和活动目标，这就使高等教育管理同其他社会系统的管理区别开来，表现出它的特殊性。高等教育的总目标是：培养高级专门人才和发展科学技术文化并与社会经济发展的需要相适应。高等教育管理活动就是要在总目标的指导下，把对高等教育系统的战略规划、资源调配通过制度和机制进行协调。高等教育管理的本质就是协调高等教育系统有限资源的投入与高效益地实现高等教育总目标的矛盾。

马克思的这一段话，揭示了管理协调所包含的以下几个涵义：

(1) 管理是集体协作劳动的共同需要，即"或多或少地需要指挥"；

(2) 管理必然有管理者，管理协作对象主要是组织及其成员；

(3) 管理是执行生产总体运行所产生的各种职能；

(4) 管理的职能主要是指挥和协调他人的活动，同时把自己也处于管理活动之中，以取得成效；

(5) 管理的目的是取得比"各个独立的运动"之和更大的效益。管理活动的普遍性（指管理活动作为人类活动的一个重要方面）普遍存在于所构成的各种组织机构中。专门管理者的出现体现出社会系统在结构层次上的性质，表明个人在社会系统中具有的不同位置、作用和性质。既然管理活动中人是管理的主体，显然，管理活动的施加，权力是管理系统赖以存在的基础，权力对人的活动的约束性使人们按一定的方式组织起来，以便实现系统的整体目标，也在一定的程度上体现了权力在协调中的作用。协调或称调节是指调整或改善高等学校与校外以及校内各部门或成员之间、上下左右各方面的关系。就一个国家和地区来讲，把高等教育放到社会的大背景中，政府对高等教育的协调是使高等教育的层次、规模、结构、水平、质量、效益的协调发展，与社会的政治、经济、文化的发展相适应，如果不相适应，就必须进行协调。就高等教育的组织－学校来说，它是高等教育系统中的子系统，学校组织的类型因区域的差别、体制的差别、机制的差异、管理者的差异等出现差异，存在着的矛盾是多种多样的，有总体目标与部分目标之间的、有长期规划与近期打算之间的、有整体利益与部门利益之间的、有组织利益与个人利益之间的矛盾，这些矛盾如果不加以协调和解决，就会影响到高等教育系统的运行和发展，也会影响高等教育效益的最优化。高等教育的协调任务与高等教育管理的本质要求是相一致的，体现了高等教育管理的基本矛盾和本质特征。

一般地说，在集体组织成员之中总是存在许多不一致，其中，某些不一致可能上升为矛盾（程度不一的矛盾），这些矛盾关系中比较激烈的便会转变为明显或不明显的冲突。冲突一般分为三种类型：第一类是认知性冲突。由信息因素、知识因素、价值观因素等引起的冲突都属于认知性冲突。这种冲突随着双方认识趋于一致就能得到缓和与克服。第二类是感情性冲突。这是一种非理性因素引起并为这种非理性因素所控制的冲突，也可能是由认知性因素所诱发，最后为非理性因素所支配的冲突。个性相抵是这种冲突最常见的诱因，它持续时间长，破坏性大。第三类是利益性冲突。这是一种由本位因素引起的目标冲突。社会中的个人和群体在处理问题时所关心的利益不同，从本位出发就可能引发矛盾和冲突，伴随利益的再分配，这种冲突可以克服。在日常的社会活动中，随处存在可能导致冲突的根源，一旦有了起因，这种潜在的冲突随时会转变为现实的冲突。

产生冲突一般有以下原因：

一是人的"个性"。从人的本性讲，不满情绪积累到一定程度就会形成冲突，需要有适度的发泄。

二是有限的资源争夺。资源在一所高校总是有限的，而需要却是无限的，为争夺有限的资源而产生的冲突在所难免。

三是价值观和利益的冲突。不同经历的人价值观容易形成冲突，部门和个人都可能因利益而形成冲突。

四是角色冲突。由于个人和群体所承担的角色不同，而不同的角色都有其特定的任务和职责，从而产生不同的需要和利益，因而发生冲突。

五是追逐权力。它是一种权力欲望的争夺。

六是职责规范不清楚。其导致对任务的要求产生冲突。

七是组织的变动。组织的变动会导致利益的重新组合而产生冲突。

八是组织风气不佳。如领导的矛盾和派系"传染"给整个组织而形成的冲突。

单从冲突的结果看无外乎三种可能：一胜一败、两败俱伤、两者全胜。显然前面两种结果都不是理想的结果，这些结果往往潜伏着第二次更大的冲突，领导过程应尽量避免这种结果出现。第三种结果是在双方都较满意的基础上解决冲突而得到的，这是可取的解决问题的方案，这就需要很好地协调，有效地协调是我们协调的目的。

冲突的协调与解决方法。

第一，认知型冲突的协调。在高等教育系统中，从宏观方面来讲，高等教育如何适应国家政治、经济、文化的发展，每一个发展时期如何规划，区域高等教育的发展、高等教育发展速度的快慢、高等教育的科类层次结构等的确定，不同的决策者及管理者会产生不同的意见，甚至矛盾。在微观高等教育管理中，学校教育是非常具体的管理活动，对于学校如何定位、如何发展、如何运用学校有效的教育资源，在培养目标、课程设置、培养计划的拟定和实施、教学与科研活动的具体展开、各项工作的总结评价等方面都可能出现一些不一致和矛盾，甚至会形成明显的冲突。一般来讲，增加交换看法、进行交流协商的机会，消除可能由于误会与信息不全所导致的认识目的不一致；进行"和平谈判"，把对各种原因和结果的认识都拿到桌面上来，这需要领导者的权威和协调能力；提供学习机会，提高大学组织内成员的认识能力和观念水平，这不仅针对冲突双方，而且针对冲突涉及的各方，大家都需要提高自身的认识水平；调整或改善组织内部有关结构，使各种不一致、矛盾和冲突能够最大程度地被比较完善的组织结构和人员组合（搭配）所"稀释"和"化解"；用超然的态度承认并超越某种冲突，这种方法可能有助于解决某种矛盾冲突。具体讲，要解决这类矛盾和冲突，最好的办法就是在学习和研究的基础上，开展对高等教育的教育思想、教育观念的大讨论进行认知统一，要提供公开交流的平台和场所，进行认知交流、认知融化，消除和化解形成矛盾和冲突的原因，使组织成员和冲突各方在观点上达成一致，或者提高他们的认识水平。

第二，感情型冲突解决的方法。这是一种非理性的冲突，主要存在于微观高等教育管理的活动中，相对于某个方面的具体事项，带有个人的情感色彩。其原因可能是一些微不足道的小事，也可能是不同的性格、爱好，甚至可能找不到"原因"。在高等教育系统中，解决这类冲突的方法可以通过提高成员的心理素质，使其具有能够承受一定的情感冲突的能力；提高认识水平，认识冲突的原因是微不足道的，认识冲突的结果可能会产生严重后果；施行合理而公正的奖惩手段，坚持规章制度的原则性，对于坚持感情办事而导致不良后果的，做出制度上的处理；进行感情牵引，引导感情向有益的方向发展，如完善和改进目标管理，把成员的注意力集中到实现高等教育目标上去。对于某些历史性的感情冲突，最好的解决办法也许是让时间这位"老人"来协调解决，因为时间可以抚平某些感情创伤，并教给人许多书本上没有的道理。

第三，利益型冲突的协调。利益冲突有一种特征，如果利益的消长或损益幅度不超过某一程度，则这种冲突不仅不可怕，而且对集体的凝聚力和组织目标没有太大的影响或破坏作用；如果超过了某一较高程度，则会导致整个组织或系统的瓦解与毁灭。因此，需要解决并能够解决的利益冲突基本上都是处于这两者之间的利益冲突。利益冲突是冲突各方在各自追求效用最大函数值（或最大利益）的过程中构成的冲突。利益冲突所围绕的中心就是利益，而利益在各人的眼中是不一致的。一般来说，出现冲突时，组织中可能存在无数个个体利益或自身利益，也可能存在多个不同规模的共同利益，但最大的共同利益只有一个。对于作为利益代表的个体或群体来说，他们的自身利益也只有一个最大值，这两个最大值就是"自利最优解"和"共利最优解"。解决利益冲突的关键在于如何进行利益的重新分配。如果借用函数求解的方式，当代表多方利益的曲线处于同一坐标系时，共利最优解就不难找到，但要把共利最优解和自利最优解结合起来就不容易了。寻找各方的自利最优解和共利最优解，实际上是一个人对利益的产生和形成的分析过程，而要使自利最优解和共利最优解取得一致，则不仅是一个分析过程，而且是一个策略的实施过程。另外，它们也不是一成不变的，它们会因环境变量的改变而发生变化。因此，利益冲突的解决是一个因地制宜的过程。在高等教育系统中，各子系统，甚至更小的群体和个人，都有自己的切身利益。他们在实现系统目标的过程中也同样追求自己的切身利益。比如，高校教师在进行教学科研工作时，一方面在完成高等教育的任务，另一方面也在追求自身的利益－职务的晋升和自我价值的实现。这里，职务晋升就是引起冲突的原因之一，特别是当候选人远远多于晋升名额时，冲突就异常激烈，如何确定好公平合理的晋升方案就是解决冲突的关键。此外，在人员任免、经费分配、改革方案实施等方面，同样存在着各种利益冲突。如果忽视这些矛盾和冲突，尤其是利益上的矛盾和冲突，要想调动全体教职工的积极性，充分发挥他们的创造精神，就可能成为一句空话。在解决这种矛盾时，有两个方面的办法，一是通过政策法规来约束，明确整体与局部利益、局部与局部利益、个人与组织利益、组织与组织利益、个人与个人利益的关系，公平公正地解决这些利益冲突；二是应注意加强思想政治工作，把物质奖励和精神鼓励结合起来，处理好国家、集体、个人三者之间的关系，这是高等教育领导必须研究和解决的重要问题。

总之，要充分认识高等教育系统中存在的矛盾运动规律，特别是在微观高等教育管理中，要按照矛盾运动规律来解决这些问题。具体来讲，个人与个人之间的矛盾主要表现在工资福利、提级晋升、表彰奖励、教育经费分配以及学术观点等方面，此时应遵循公正、平等的原则。在个人与整体的矛盾方面，要使系统整体目标与个人的目标相一致，当两者一致时，个人目标的实现可以通过整体目标的实现来达到，整体目标的实现是个人目标得以实现的前提条件。从宏观方面来讲，系统与环境之间的矛盾表现为对高等教育投资少与实现高等教育系统目标、政府包揽过多与高校缺乏办学自主权等方面的矛盾中，应该也只能通过政策、体制去解决这些矛盾。

但是，高等教育系统的三种矛盾是有机地联系在一起的，每一矛盾系列的解决都关联到其他矛盾系列的解决。因此，在高等教育管理活动中，要从整体出发去解决高等教育系统所存在的矛盾，即进行系统的科学的管理。如果不从整体的角度去处理系统内部的矛盾及系统与环境之间的关系，看不到矛盾之间的相互关系和相互转变，那么，就会激化矛盾，破坏高等教育系统内部的稳定性，就不可能实现高等教育系统的整体目标。例如，个人的合理需要得不到满足就会抑制个人的积极性和创造性，个人在工作中就会表现出动力不足，主动精神不够。一旦个人在工作中缺乏主动性就会大大降低劳动效果，这样培养出来的人才质量就难以达到预期的目标。而人才质量的降低，又会引起社会上人才供需关系的变化。这种关系反过来又抑制高等教育的运行和发展。同样，如果系统的整体目标与实现这些目标的现实条件差距过大，则目标就难以达到，反过来又会挫伤人的积极性。所以，高等教育系统目标的实现过程本质上是一个系统与环境、系统内部矛盾关系不断得到协调和解决的过程。

其实，我们要辩证地看矛盾，特别是高等教育管理活动中的矛盾，从矛盾的普遍性来看，所有的矛盾有共性的东西，因为产生矛盾的规律性都是一样的。首先，我们要认识到矛盾的存在是必然的，不存在没有矛盾的社会，不存在没有矛盾的管理，人的价值观各异，认识方法和认识水平各异，有矛盾是很正常的，不要因为有了矛盾就惊慌失措。根据动态平衡的观点，管理活动中要有矛盾，有矛盾不是坏事，通过制造合理的矛盾，挑起正常的冲突，当然只是思想上的冲突，在冲突中谋求一致，达到矛盾的解决，达到平衡。要善于处理和解决矛盾，矛盾出现不可怕，可怕的是当矛盾出现以后，我们束手无策，或者捂住矛盾，或者任其发展，我们有些管理者不善于解决这类认知型冲突的矛盾，甚至不愿意去正视这些矛盾。另外，最不可取的是压制矛盾，结果造成矛盾的激化，这样一来可能会带来新的、更大的冲突，产生更大的矛盾，因为它没有解决矛盾，而是转移了矛盾的方向，使小的矛盾集合成了大的矛盾。

高等教育管理中对待矛盾与冲突问题要注意两个方面。

第一是避免人为地制造矛盾和冲突。从源头上避免矛盾与冲突的出现，这就是我们要注意的源头方面。在制定各种政策制度时要科学合理，要经过专家论证和民主决策，千万不要匆忙出台不合时宜的政策制度，特别是避免手痛医手、脚痛医脚的政策制度出台，为矛盾与冲突埋下祸根。在管理活动中尽量避免矛盾与冲突。管理活动中尽量地避免矛盾与冲突的办法有很多，其中之一是管理活动的透明、公开、公正，而透明的前提是游戏规则的认同。在游戏规则认同的前提下，游戏的运作必须透明、公开、公正，只有这样，才能有效地避免矛盾和冲突。我们知道，高等教育管理的本质特征与企业管理、经济管理有很大的差别，中国高等教育的管理在具有行政性一面的同时，又是学术性很强的专业管理。行政管理需要很强的透明度，学术管理除了知识产权的东西和技术层面上的东西比较透明，纯粹的管理活动更需要讲求透明、公开、公正。只有把握好了透明、公开、公正的度，避免管理活动中人为地制造矛盾和冲突是可能的。

第二是实事求是地化解矛盾与冲突。矛盾与冲突在管理活动中始终是存在的，关键在于如何去化解。化解矛盾与冲突要本着实事求是的态度，首先，要敢于承担由于管理者的原因引起矛盾与冲突的责任，用真诚来化解矛盾与冲突。其次，一旦矛盾与冲突出现，既不要大惊小怪，也不要消极怠慢，要以积极的心态与行动去化解矛盾与冲突，把矛盾与冲突造成的后果降低到最小的程度。

第三节 教育教学管理的属性

在社会活动中，为了与高等教育系统整体性相适应，高等教育管理一开始就提出两个目标：一是为使个体同整体相适应，用系统整体去整合各系统的个体，以实现系统整体功能的目标。二是为了实现系统效益的最大值，要求把具有一定功能行为的个体有机地结合在一起，达到系统最大的"结合力"功能的目标。只有这两个目标的综合，才能使系统整体功能大于系统中各分散个体功能之和。这是高等教育管理的系统属性。这两个目标的矛盾运动规定了高等教育管理的两条基本规律：

第一，高等教育管理的自然属性与社会属性趋于一致的规律。自然属性具体表现为高等教育管理的个性和特殊性，社会属性具体表现为高等教育管理的历史继承性和为阶级服务的政治性。

第二，高等教育管理的封闭性与开放性的矛盾统一的规律。这是高等教育管理最重要的本质属性。如果系统中的管理者尤其是领导者能够找到两个互为矛盾的平衡点，也就是要求各级管理者，尤其是各级管理的最高决策者，在管理中必须找到两个目标的平衡点，才能保证系统功能放大。

一、自然属性与社会属性

高等教育管理的自然属性主要表现在普遍性方面。高等教育的管理是一种社会活动，社会活动的有序进行就需要进行管理，因此，高等教育管理是社会活动中普遍存在的一种管理现象。不论哪个国家，无论哪个历史时期，只要存在高等教育活动，就存在各种培养高级专门人才的活动（包括专业设置、培养目标、课程设计、教学过程、教学方法、教学手段等），就有进行管理的必要。在当今社会中，高等教育已经成为了一种国民的素质需求乃至消费需求，成为一种国家和民众的普遍需求，特别是在高等教育大众化的时代，高等教育管理已经成为一种普遍的专业管理。二是高等教育管理的共性方面，即高等教育管理在各个历史发展时期都具有明显的共同点，这些共同点不因国家的政治、经济、文化等差异而有所变更，也不因历史时期的变化而消失。

二、封闭性与开放性

高等教育管理的封闭性是指在高等教育管理过程中，根据高等教育管理的特殊矛盾而在高等教育系统内部自我运转和良性循环的性能；高等教育管理的开放性是指在高等教育管理过程中，根据高等教育管理的特殊矛盾而在高等教育系统与外界环境相互关系中，实现物质、能量、信息交换的性能。就高等教育管理的封闭性而言，在高等教育系统内，无论进行什么高等教育管理工作，一个首要的前提就是在一个相对独立、完整的高等教育系统内部，按照高等教育系统的特定目标而进行优化组合，即在高等教育系统的"投入、加工、产出"的过程中构成一个相对封闭的系统。没有相对的封闭性，高等教育系统就没有相对稳定的环境，任何对高等教育系统的分析及高等教育管理活动过程都不可能按照自己的独特方式运行。这种相对封闭性是一种客观的存在，是更好地进行高等教育管理的必然要求，当然，完全封闭的高等教育系统是不存在的，因为完全封闭就意味着与环境不进行任何物质、能量、信息的交换，这样的高等教育系统必然会逐渐消亡。因此，这就是我们所指的高等教育系统和高等教育管理的封闭性又具有相对性的方面。现代社会中，任何一个系统都不可能是封闭的，封闭是相对的。就高等教育管理的开放性而言，高等教育系统受外界环境的制约和影响，只有开放才能获取更大的信息资源和物资资源，才能进入社会大系统中去循环，去接受洗礼，去成长壮大。

第四节　教育教学管理的特点

显而易见，事物之间的区别就在于它的特殊性。了解了高等教育管理的特点，我们就能遵循它的本质规律，有针对性地协调管理活动中的各种矛盾，清醒地驾驭各种管理活动。

一、高等教育管理目标的特殊性

高等教育系统目标的特殊性决定了高等教育管理目标的特殊性。高等教育系统的主要目标是根据高等教育的功能来确定的，因此，对管理的功能与目标相应地提出了它的特定要求。高等教育管理的功能就是要通过计划、组织、协调、控制等使高等教育更加符合社会发展的要求，符合社会生产力的要求，这种要求表现在教育的层次、结构、规模、质量等方面的目标。另外，在微观方面，高等教育管理要使组织中的每个成员按高等教育规律办事，更好地完成既定的目标。高等教育系统的目标是根据高等教育规律和社会发展对高等教育的需求来制定的，所以，高等教育系统的协调活动也应该以高等教育的规律为指导，而不能简单地、照抄企业管理中的某些方式方法。

高等教育管理具有两个最基本的目标功能：一是尽其所能地将系统内的各种关系和资源凝聚起来，形成一个整体，这也就是管理的"维系"功能；二是最大限度地围绕系统的整体目标，发挥要素的主动性、积极性，更好地实现高等教育系统的整体目标，这也就是管理的"结合"功能或"放大"功能。高等教育系统是由有关教育行政机关和各级各类高等学校所组成的系统，它的结构与功能与其他社会系统有所不同。

高等教育在同其他社会系统进行物质、能量和信息交换的过程中，在为社会提供的精神产品的同时，也提供物质产品，这种物质产品表现在劳动力方面、科学技术成果方面、现代文明与文化产品方面，也可能形成工业产品。高等教育系统是最具创造力的社会系统，通过各成员、各要素主观能动性的发挥，可以最大限度地实现"系统大于部分功能之和的效果"。但反过来，如果教育者及教育资源中的人的主观能动性发挥不好，这比其他任何社会系统都更有可能制约生产力的发展。所以，高等教育管理者要充分认识到这两大功能的特殊性，并注意将此二者有机地结合起来，用凝聚力推进整体的结合力，用系统的发展加强整体的凝聚力。

不论是宏观高等教育管理还是微观高等教育管理，高等教育管理资源要素的特殊性具体表现在三个方面。第一，这是由一群高级知识分子组成的特殊的群体，组织及其成员的特殊性就构成了要素的特殊性。从高等学校管理的主体和客体来看，即管理者和管理对象两个方面看，组成高等教育系统的主体要素之一是教师，是创造和掌握专门知识的群体。因此，对他们的管理要符合这一群体的心理活动和以个人脑力劳动为主的集体性活动的特征。另外一个高等教育系统的主体性成员是学生，所以，管理对象是高等教育管理要素最重要的特点。第二，教育投资与经费的管理是一项复杂的工作，因为它的用途是复杂的，有时候还不能用绝对的量化管理来处理，有时候投入产出还不能在短期内就能见到成效，经济回报率可能很低。这就是高等教育的经费管理有别于企业管理、行政管理、经济管理等的特殊性。第三，教学与科研的物资设备的管理特殊性表现在这类资源不完全是生产性资源，这些物资设备是建立在教学科研功能上的，是为了完成教育教学实验实习、科学研究开发等，它不仅仅是一套设备，可能是一个个教学实验和科学研究的基本平台。

二、高等教育管理活动的特殊性

从宏观高等教育管理来看，高等教育事业具有很强的战略性、前瞻性。高等教育的管理活动整体的发展规划关乎长远的社会民生问题，需要许多专家系统来完成，活动的内容涉及到民族文化、区域经济、人口发展、科学技术水平、社会环境等。从微观高等教育管理来看，高等教育管理活动的特殊性体现在高等教育组织管理的活动中，最主要的表现特点之一就是要协调学术目标与其他目标之间的矛盾。学术目标是一种高智力投入和高智力劳动的追求，除了个体的高智力劳动外，同时还要强调高智力劳动的结合、高智力劳动者的团结协作。

高等教育系统的主导性活动是传授知识、创造知识，高等教育所培养的各类专门人才和高等学校所提供的各种科技成果主要是通过学术水平和应用价值的高低来衡量的，管理活动的学术性十分强，而这种学术性不可以用一般行政性的方法进行管理。因此，学术目标的组织、协调、实现等是高等教育管理活动中的特殊矛盾，这就要求高等教育管理活动一定要重视学术这一特殊目标，使这一特殊的管理目标与学术目标相符合。

高等教育组织中的教学活动是教与学的双边关系，高校师生是一个特殊的群体，在完成教学目标和管理目标的过程中，师生参与到具体的教学管理活动，达到双边认知认同，教学民主就显得更加重要。大学教职工是高等教育系统中能动的力量，是实现高等教育管理目标的智慧源泉，要发挥他们的智慧和力量，学术自由是高等教育管理必须考虑的问题。高等教育系统中实行学术民主将激发师生员工极大的能动作用，使大家从信任中受到鼓舞，在学术自由这个平台上施展自己的才华，在学校的管理活动中真正地成为中坚力量。[1]

---

[1] 阮艳花，张春艳，于朝阳.教育管理理念与思维创新[M].汕头：汕头大学出版社，2019.

第二章 教育教学管理的原则

高等教育管理的理论与一般的管理理论在最基本的方面有些是相通的,管理的最基本的原则也有相通之处,只不过高等教育管理是一种专业管理,专业的内容不同,性质各有差异,因此,侧重在某个方面遵循某些原则。从一定意义上来讲,高等教育管理原则是对一般管理理论和方法的运用,是在具体的实践中总结提炼出来的,只有实实在在地认识了这些原则,把它真正地内化在我们的管理活动中,方法才会使用得当,我们才会自觉地贯彻、遵循。反对空谈理论、方法、原则,强调管理的原则在管理活动中的重要性,强调管理的原则与管理的方法的必然联系,是我们研究高等教育管理活动最根本的方面。

第一节 教育教学管理的基本原则

根据中国教育管理的研究成果,可以将各种有关教育管理原则分成三大类:

(1) 传统经验抽象型。这些是对新中国成立以来我国教育管理的实践经验进行总结、概括而成的管理原则。如方向性原则、坚持党的领导原则、思想政治工作是管理工作的核心原则等。

(2) 领导方法抽象型。这些是从传统行政管理、领导方法中抽象而成的管理原则。如领导与群众相结合原则、民主集中制原则、制度化与规范化原则等。

(3) 现代企业管理原则移植型。这些是将国内外现代企业的管理原则引申或移植至教育管理活动中,使其具有指导办学的价值。如整体化原则、封闭与开放原则、动态平衡原则、信息反馈原则、系统原则、整分合原则、能级原则、激励性原则、效益原则等。

此外,有的教育管理原则的表述是从自身的本质特性出发的,如教育性原则。还有的从一般管理特征的角度进行描述,如科学性原则、经济性原则等。

确立高等教育管理原则必须充分考虑高教管理赖以进行的情景条件和客观依据，既要借鉴现代管理的一般理论，又要联系高等教育管理的特殊背景，既要追求理论上的相对完备性，又要强调对实际工作的指导意义。尤其要分析各条原则或原则体系是否涵盖，以及在多大程度上涵盖整个高等教育管理领域，从而给高等教育管理原则以科学、客观、合乎逻辑的定位。我们可以从以下几个方面来分析确立高等教育管理原则的依据。

一、企业与行政管理借鉴

高等教育的管理思想和方法很多来源于企业管理的启发，有的甚至是借用企业管理的方法。因此，研究企业管理就成为了必然。在企业管理中，重视管理的目的和目标、管理的效益、管理思想和方法等是值得我们借鉴的。管理的目的是通过计划、组织、领导和控制，使得生产经营活动规范并取得最大的效益和最好的效果，创造更大的价值。

1.管理的目标

严格地说，管理就是指活动，管理没有自己的目标，或者并不存在自己的独立的目标，而是依附于组织及其活动而存在，不是为了管理而管理。管理的目标是与组织的目标联系在一起的。所以，我们研究管理的目标实际上是研究组织的目标，或者说，通过管理促进组织目标的实现。一个组织要开展活动，必须具有人、财、物和信息资源，组织所获得的这些人力资源、金融资源、物质资源和信息资源就构成了组织的投入。对资源或投入的运用就可以产生组织的成果。

2.产量与期限

产量是从生产多少产品或者提供多少服务项目来反映产出水平的。生产的产品数量可以用实物指标（如制造了多少钢材、生产了多少台机床等）也可以用货币指标（如产值、销售额等）来衡量。至于提供的服务数量，在实物指标上表现为处理了多少维修任务，接待了多少客户，答复了多少个电话等，这些在价值指标上的表现就是完成了多少营业额。另外，任何产出都必须在规定的时间里完成才有意义。交货有个最后期限的要求，对组织中各部门及个人的要求也必须规定每天、每星期、每个月或每年需要完成多少数量的任务。离开了时间的规定，任何数量标准都将失去意义。

3.品种与质量

无论是产品还是服务项目都必须按照顾客对其需求的类别和特性来提供。电冰箱如果不能制冷，其质量自然是不合格的，而电冰箱的款式、颜色要是不符合顾客的预期，也难以适销对路。因此，质量和品种是对产出的更内在、更本质的规定。对质量的测定可以通过产品的次品率、退货率，服务中的差错率，以及顾客的投诉来反映。

4.成本花费

企业要将资源转化为成果,最理想的要求是使产出的产量和质量控制在既定的成本花费之内。这种控制通常是建立在拨给一个单位的经费预算上的。典型的经费预算是直接依据所产出成果的产量和质量来规定该项活动的成本花费标准。

5.组织的效率与效果

组织的绩效目标是对组织所取得的成果与所运用的资源之间转化关系的一种更全面的衡量。组织的绩效高低表现在效率和效果两个方面。所谓效率,是指投入与产出的比值。例如,设备利用率、工时利用率、劳动生产率、资金周转率,以及单位产品成本等,这些是对组织效率性的具体衡量。

6.管理思想与方法

管理的实质是权力的利用和利益的分配,没有任何不存在权力和利益的管理。管理的方法多种多样,目前,还没有谁能准确地归纳出究竟有多少种管理方法。只能大致地、根据各自的思维方式进行归纳。传统科学管理思想和方法是以提供劳动生产率为目的而实施的具体措施。现代科学管理思想和方法在传统管理思想和方法上增加了现代科学思想和现代技术的元素,特别是其他学科知识在管理学科知识中的运用,管理学科知识在其他学科中的交叉,使得现代科学管理思想和方法更加丰富。因此,产生了许多新的管理思想和管理理论。

二、高等教育环境的特点

任何高等教育管理活动都是围绕高等教育的目标这个中心来开展的。只有遵循高等教育管理的客观规律,才能顺利地实现既定的目标。一般认为,高等教育的基本规律及其特殊性包括两个方面:一是高等教育与社会协调发展;二是高等教育与受教育者身心全面发展相适应。高等教育管理原则必须以这两个方面为前提才能避免高等教育管理与高等教育工作之间的对立和冲突,最终提高管理效益。与一般管理活动相比,高等教育管理活动存在一些特殊规律,它们构成了这门学科专门的研究领域。比如:经济效益与社会效益的关系,人才培养与科学研究的关系,学术自由与行政管理的关系,个人利益与集体利益的关系等。高等教育管理原则的制定与人们对这些特殊规律和矛盾的认同密切相关。

同其他管理一样,高等教育管理具有两重性,即既有超越阶级和政治的一面,又服务于一定的政治目的,是一定社会集团的政治工具的另一面。高等教育管理的政治性突出地体现在教育方针和教育法规中。教育方针规定了办学的指导思想、培养人才的基本规格和基本途径;教育法规是占统治地位的社会集团对这种指导思想的法律认可和保护,它代表整个社会政治制度、经济制度、文化制度对教育的要求和约束，同时也界定了教育事业的责、权、利范围。随着我国教育法规，尤其是高等教育法规的进一步完善，高等教育管理必将真正纳入法治化轨道。同时，高等教育的指导思想、原则自然要受制于既定的教育方针和法规。

与高等教育系统相对应，高等教育管理原则也构成一个系统，它同样具有目的性、相关性和整体性。原则体系的目的性在于指导具体的管理实践，使管理工作更符合客观规律；原则体系的相关性则指涉及高等教育管理过程的每一条原则相互依存、相互补充；原则体系的整体性在于各原则围绕怎样提高高等教育管理效率这一目标结合为一个整体。一方面，高等教育管理作为整个行政管理系统的子系统，应充分体现现代科学管理的基本原则，另一方面，高等教育管理原则应能统领各层次管理的具体原则和工作方针。在确立高等教育管理原则之前，我们还有一项重要的工作要做，那就是对高等教育系统组织特征的分析。只有将一般的管理原则置于高等教育特殊的组织背景下，才能做出对高等教育管理原则的恰当概括，并在较深层面上理解和运用这些原则。

有了上面关于高等教育管理原则确立依据的分析，我们便有可能对现有的各种高等教育管理原则的表述作出评判。例如，"计划性"只是在高等教育管理领域的某一环节具有意义，却不能涵盖整个高等教育管理领域；"教育性"是强调环境的教育作用及各级管理人员以身作则的模范作用，是属于广义的教育学要研究的范畴；"科学性"是一条具有普遍意义的原则，它与"方向性"属于同一层次的概念，是指导所有管理活动的基本原则，没有体现高等教育管理的特征；"规范性"属于更为具体的管理手段，是提高管理效益的前提，可以把这一要求作为"高效性"的一个方面来讨论；至于"民主性""激励性"等，也是一般管理原则问题。总之，在现代社会的文明进入到一个新的发展时期的背景下，我们把高等教育管理的基本原则确立的基础归纳为四句话，即和谐为先，法制为上，公平为本，效益为果。

第二节　教育教学管理的原则应用

我们追求的是这样一类高等教育管理原则，它们必须能较全面、准确地反映高等教育管理活动的特点、本质与规律，即它们是根据一般管理学的原理提出的，同时又特别适用于高等教育管理领域。它们在理论上是完备的，在实际工作中又是切实可行的，以便有效地指导高等教育管理实践活动。前面有关建立高等教育管理原则的依据的论述为科学地分析高等教育管理原则提供了逻辑上和理论上的铺垫。我们认为，高等教育管理基本原则可以包括七个方面，即高效性原则、整体性原则、民主性原则、动态性原则、导向性原则、依法管理原则、公平公正原则。

一、高效性原则

高等教育管理的高效性原则是高等教育管理本质的直接体现和具体化，它要求以一定的高等教育资源投入培养和提供更多的合格高级专门人才和高水平的研究成果，或者说培养和提供一定数量的合格人才和研究成果，投入的高等教育资源要求最少，产出的数量与质量越高，从而表明高等教育管理的活力越突出。

任何一种社会机构或组织的活动都需要进行效益管理，都需要提高其工作效率。高效性原则揭示了高等教育管理追求的目标，这就是良好的办学效益，它包括经济效益和社会效益。办学效益的评判标准应该是高等教育所培养的人才和提供的研究成果对社会进步、经济发展、文化进步是否起到最佳的促进作用，高等教育在实施过程中是否最大限度地利用了各种资源，最大限度地减少了浪费。高等教育在总体发展规划、具体专业设置、人员聘用、经费使用等方面必须具有充分的灵活性和活力，这是保证办学效益得到提高的前提条件。不过，虽然如其他领域一样，高等教育系统也关心管理的效益，但联系高等教育的组织特征（诸如总体目标的模糊性、利益联系机制的松散性等），在分析高等教育办学效益时，有两点需要注意：一是在一定的周期内，高等教育所花费的成本和实际获得的经济收益很难精确衡量；二是高等教育的社会效益更无法用数字量化。通常能够计算出来的只有某些资源的利用情况，比如人员、经费、设备、时间、图书资料等的使用效率可以得到一个概算。

相关学者提出了测量教育管理效率的五个方面可供我们参考。

（1）用人效益。指成员潜能的发挥程度，具体考察现有人力、在用人力、实际有效使用人力，计算有效人数与实际人数的比率。

（2）经济效益。指投资的实际经济价值，投入与产出、有用耗费与无用耗费、有用效果与无用效果。

（3）时间效益。指时间运筹的有效利用率，法定工作时间与实际有效利用的工作时间的比率。

（4）办事效率也指工作效率。管理机构处理公务的实际成效，已办的与应办的，正确处理的与处理不当的，未办公务中由客观因素导致的件数与由主观因素导致的件数的比率。

（5）整体综合效益。指教育管理的社会效果，社会承认、满足的程度等。

二、整体性原则

高等教育管理整体性原则既决定于高等教育系统的整体性，又受制于培养高级专门人才的高等教育目的。管理是一个为了达到同一目标而协调集体所作努力的过程。目标不但为管理指明了方向，而且是一种激励被管理者的力量源泉。特别是当组织的目标充分体现组织成员的共同利益，并使之与每一个成员的个人目标结合在一起时，就会极大地激发组织成员的热情、献身精神和创造力。在高等教育管理系统中，管理过程的各个环节以及各个方面也是围绕一个统一的目标（培养人才和开展科学研究）而运转的。这个统一的目标使得高等教育的各项工作融为一个整体，高等教育就是要从这个整体出发，协调各环节和各方面的管理工作。系统的最大特点在于整体的功能大于各部分之和，这一系统原理为整体性原则提供了理论依据。系统的功能不仅体现在数量上，更重要的是体现在本质上。通常系统的整体功能相对于各组成部分的功能来说是一种质变。实际的管理工作中，经常遇到局部与全局的矛盾。从某个局部来看虽然能获得一定的效益，但如果整体的损失超过局部的效益，我们总是强调局部服从整体的全局观点。研究表明，人需要给予具体目标才能调动潜在能力，也只有在达到明确目标后，才会产生成就感和满足感。用以维系管理整体性原则的目标只有具体化，并渗透于整个管理过程，成为一种稳定的宗旨，才能真正发挥其统领全局的功效。目标管理的核心是把组织的目的、任务转化为目标，并使组织的总目标与各个部门、个人的目标融为一体，形成组织、部门、个人方向一致、明确具体、切实可行的目标体系。它强调以目标指导行动，以成就和贡献作为管理活动的重点，特别强调目标实现的整体性。

　　同其他系统一样，高等教育系统中没有任何人或组织可以单独地满足自身的需要，而不依赖与他人或组织的合作。没有基于管理目标的合作行为就没有管理的整体性，事实上，也就没有管理本身。高等教育系统中存在各种不同的工作目标，这是社会与组织分工的产物，它们有赖于高等教育总体目标指导下的相互配合。在具有不同功能的组织中，整体性原则的体现方式是各不相同的。一般而言，在以功利性为主的经济组织内强调竞争，在以强制性为主的军事组织内强调服从。

　　和谐、团结、协作对于高等教育管理的整体性原则的贯彻是需要的，但在高等教育组织的实际运作中，存在着多种不同形式、强度的冲突。及时诊断并将冲突带来的破坏减少到最小限度也是维护高效管理整体性原则的一个重要方面。所谓冲突，是指人们为了某种目标或价值观而相互争斗的状态。高校领域内的冲突多表现为成员心理、角色、地位的冲突和学术观点的冲突。前者的例子如职称晋升，往往同一年龄层的教师越多，水平越接近，冲突就越激烈；一定程度的学术思想冲突、辩论，可以促进学术研究的人的发展。可见，冲突的功能具有双重性。经常的、强有力的冲突对组织中成员的心理和行为有破坏性的影响，疏远、冷淡、漠不关心、极端的对立情绪和进攻性行为等，这些显然会导致组织的涣散和管理效能的低下。在高等教育管理领域运用冲突原理，一方面把冲突破坏的可能性减小到最低水平，另一方面，使冲突产生有效的、积极的效果，保证管理的连续性和整体性。

三、民主性原则

高等教育管理的民主性原则主要由高等教育管理的学术性所决定。要办好每所既封闭又开放的高等学校，不发扬民主，不充分调动师生员工的积极性和创造性是不可能的，所以，高等教育和高等学校在重大决策过程中都必须发扬民主。高等教育领域人才荟萃，学术思想活跃。高等学校的教学和科研活动从其本质而言是学术性活动，而离开民主与自由，学术性活动便无法开展。由前面的论述可知，高等教育系统是一个充满利益和权力冲突的系统，决策的制定和实施往往是各种力量协商或妥协的结果。这里任何独裁式的"一言堂"都有可能损害高等教育的学术价值。民主的基础是对个人价值的承认，学校如同其他社会组织（或机构）一样，要求一切受到决策影响的东西（法律、纪律、规章、决定、计划、标准等）都要反映出民主的精神和原则。学校的民主主要体现在学校重大事件的决策中每个人都有权发表自己的意见，领导和组织必须在听取师生员工意见的基础上，按照科学的程序作出决定。

四、动态性原则

高等教育作为一种社会系统，与外部环境处于动态的相互作用之中。开放系统的一个特点是能够影响其内部子系统，以便对各种环境中的偶然事件作出反应。管理活动与管理对象、管理环境之间有着本质的、必然的联系。根据对高等教育组织特征的分析，高等教育管理过程中要完成的任务、组织的结构、用来完成任务的技术和参与的人员都处于动态之中。这样，一方面高等教育活动须按照管理的基本原理和原则来进行，保持管理的相对稳定和应有秩序，同时，高等教育管理的对象、内容、方式、手段等都在变化之中，要求运用高等教育管理原则时具有灵活性。

管理学中的权变理论为把普通的组织管理原则与各组织独特的、具体的情况联系起来提供了一条途径，有三个基本观点。一是对学校的组织和管理不存在一种最好的通用方法；二是在一个特定的情景中，并不是所有的组织和管理的方法都是同样有效的，组织效率的结构设计或方式是否适合一定的情景；三是组织设计和管理方式的选择必须建立在对情景中的重大事件进行细致分析的基础上。权变理论要求从有效地实现组织目标的角度出发，灵活、动态地选择处理偶然事件的方法。

五、导向性原则

高等教育管理的导向性原则主要是指通过管理手段引导所有的组织成员向着既定的目标努力。我们制定的方针政策、我们提出并采取的工作措施、我们营造的工作环境等都具有这种引导作用。

从政治导向的角度讲，高等教育管理导向性原则主要是根据高等教育管理的两重性规律提出来的。高等教育管理的自然属性使我国高等教育能按照对外开放政策，向国外学习先进的科技和管理，高等教育管理的社会属性则决定各国间的高等教育管理不能全部照搬，必然要考虑不同的社会形态。从管理工作导向来讲，主要是措施和条件导向，管理的手段、方法、环境等。组织成员在管理者的旗帜下，自觉或不自觉地努力工作，这里还存在利益导向、心理导向的问题。这是从不同的角度看导向，运用导向性原则的问题。

学校管理工作中依法管理原则是最基本、最重要的工作，也是比较复杂的工作。学校管理者是按照法律法规、教育规律、教学过程特点、教学原则等为原则来进行管理的。

六、公平公正原则

公平公正原则是市场经济体制下高等教育管理活动的基础，是调动各方积极性，有效地完成高等教育任务，达到高等教育目标的前提。任何高等教育活动都是由人来完成的，公平公正是对人的教育心理活动的基本保证，否则，缺乏公平公正，设计在好的管理活动，也难以达到满意的效果，因为，它挫伤了人的积极性，阻碍了人的主观能动性的发挥，影响了生产力。长期以来，许多管理者不太重视公平公正的原则，不注重管理活动中人的感受，把自己的意志强加于别人之上，通过权力来贯彻自己的意志，甚至打击了正义，鼓励错误，最终导致管理失败。在管理的实践中不乏这样的例子，由于有失公平，使得很好的管理活动和方案流于形式，最终流产或者效果十分糟糕。

七、教育管理原则的应用

我们研究高等教育管理原则最主要的目的是将这种原则思想贯穿在具体的管理活动中，指导我们实施管理方法和管理措施。目前，高等教育管理方式可以归纳这么四种，即组织能级管理、标准量化管理、目标绩效管理、多种组合管理。那么，在这些管理中，规划、组织、领导和协调可以考虑遵循某些主要的、最基本的原则。

（一）组织能级管理

组织能级管理是一种较为传统的高等教育管理方式，它是通过一级一级的行政组织及其权力来实施对高等教育的管理的。这种管理方式中最主要的是强调计划性管理，强调上下级组织及管理者的服从管理。这种管理的终端组织的自主性差，管理链长，行政的力度稍差，容易造成"尾大不掉"。这种管理方式对管理者的素质要求高，特别是管理组织中的各级首长要遵循管理的民主性原则。在管理抉择的活动中，在制定计划中，不仅要听取同级组织中的成员的意见，而且还要听取下级组织中的成员的意见，充分发挥民主参与的作用，把成员的智慧为我所用。

（二）目标绩效管理

目标绩效管理是当前许多高校尝试的一种新的管理模式。教育目的与任务不同，教育行政或教育组织目标绩效管理的内容也不同，但是，都是以体现教育价值的结果为目标的。事先要确立一个客观的目标，然后，通过一个阶段的管理活动的实施，评价管理活动实施的最终业绩和效果，体现管理的价值。因此，这种管理要遵循正确的导向性原则，目标与考核挂钩适度的原则，公平公正的原则。

一般来讲，目标绩效管理是一种完成中短期、阶段性任务的管理活动，是为中长期的规划和目标服务的，正确的导向性原则是指制定目标的指导思想，导向应该十分明确，这种措施的导向就是为达到中长期的发展目标和工作目标服务的。目标的导向性对于组织的管理，特别是组织成员的心理目标的实现是很重要的，因为管理者确定的目标本身就是一种导向，是通过具体的目标的实现达到促进某方面的工作的推进，某项事业的发展。这是管理者在推进这种管理模式的时候必须考虑到的最根本性的问题。同时，体现在目标的具体指标任务上，要有导向促进作用。目标与考核挂钩，适度是一个比较难把握的原则，因为，它的核心是与集团组织或者个人的利益挂钩，是一种心理刺激最敏感、最有力度的方面，它要考虑很多客观的东西。第一，它与组织内部的人事分配制度有直接的联系；第二，它与组织外部的利益分配环境有很大的联系；第三，它与管理者的期望值、组织成员的期望值有很大的关系。这种度把握得好，导向的功能就强，导向就是成功的，反之导向就是失败的。

在目标绩效管理中，一般来讲，管理的对象是多个组织、多个群体，因此，管理活动特别注重公平公正的原则。管理活动的公平公正原则主要有三个方面。一是指标体系确定的公平性，二是过程管理的公平性，三是考核评价的公平性。指标体系的确立，公平公正地获取真实的考核信息，严格执法，在最终的结果处理上不要搞双重标准。不考虑组织及其成员中的差异性，不规范管理者自己考核过程的行为，价值信息结果提取不公平，矛盾处理中决断不公正，必将会导致价值的扭曲，影响管理的效果，甚至会导致管理活动的失败。

（三）标准量化管理

标准量化管理模式与目标管理在某些方面有共同之处，是高等教育行政和高等教育组织管理今后发展的方向之一。目前，国内的高等教育行政管理和一些高等教育组织已经开始探索和实施标准量化管理。如国家实施的高等学校教学工作水平评估就是典型的标准量化管理方式。同时，有些教育组织内部在某些方面推进国家质量论证标准的管理，特别是可量化管理的活动实施标准量化管理，如教学活动的过程管理，对于某些教师教学行为的规范要求、实验室实验教学的规范要求、教学管理的规范要求等是可以量化的，在这些领域实施标准量化管理是一种有益的尝试。那么，这种管理的方式要遵循标准的权威性原则，实施办法的简洁性原则和运行过程中的可操作性原则。首先，标准量化管理一定要有定量标准的权威性，不论是国家、社会的，还是团体组织的，必须由权威部门组织权威专家制定质量论证标准，与目标管理一样，也同样存在标准的高低问题。缺乏权威性的标准量化管理往往达不到好的效果，搞不好会适得其反。

其次，标准量化管理最主要的问题之一是实施和操作过程中的简洁性及可操作性，这也是必须遵循的原则。标准量化管理本来是一种非常明确的管理方式，但是，如果把标准搞得很复杂，简单的东西搞得太复杂，结果将会事倍功半。

（四）多种组合管理

目前，不论是高等教学的宏观管理还是微观管理，特别是有一定组织规模的管理，还不能说只是某一种专一模式的管理，可能是一种组合模式的管理。这是由于社会形态的多样性决定了管理模式的多样化。因此，推进两个及以上的多种管理模式必须遵循整体、高效的原则。

作为一个团体以及组织，总的目标是一致的，多种组合管理模式只是方法的不同，那么，在具体实施这些方法中要考虑整体性，否则，A模式和B模式不从整体性考虑，各自为政，结果会出现许多矛盾冲突，产生组织内部的不平衡，这种不平衡产生投入与产出、付出与所得的差异，可能会影响最终的效果。可以容许不平衡，因为没有绝对的平衡，这种不平衡是一种积极的行为的话，那么，应该是正面的效应，但是，要从整体考虑这种不平衡，因为，不同模式的实施是有成本的，不同模式的成本要考虑整体的成本，最后达到共同的管理目标与效果。

在一个组织内部，多种组合管理模式是容许的，但是，这里存在一个效率的问题，前面我们提到不同模式实施的成本问题，实际上也是管理的成本问题。一个组织内部的多种模式管理不同于单一的模式管理，牵扯到管理者的许多精力，另外，管理的组织机构运转起来也稍感复杂，势必影响管理的效率。所以，实施多种组合模式的管理要遵循效益性原则就显得尤为重要。①

---

① 阮艳花，张春艳，于朝阳.教育管理理念与思维创新［M］.汕头：汕头大学出版社，2019.

第三章 创新思维教育教学管理的理念

第一节 创新教育教学管理简述

创新是指改变旧制度、旧事务，对旧的生产关系、上层建筑做出局部或者根本性的调整变动。所以创新就是改进不好的，改正错误的、不合理的，最终达到创新的目的。创新需要清晰的价值和目标，即明确创新理念，它关系到创新的出发点和前进方向。高等教育教学是对高等教育的认知、使命、作用等基本问题的认识和看法，是高等教育管理实践的总结和概括，具体包括统筹理念等四个理念

一、统筹理念

统筹作为一个由数学衍生出的系统科学概念，主要强调的是针对一个事物发展或行为执行过程中涵盖的规划、引导、服务和扶持的完整的过程体系。政府统筹就是站在事物全局的角度统筹思考，洞察事物，工作谋划、整合协调和扩展创造性思维，服务全局的能力。不顾此失彼，不因小失大，兼顾和协调全局各方面利益。使整体协调，布局合理，利益得当，人文和谐，思想协同，工作得力。那么政府对高等教育的统筹也就可以围绕这一概念展开，即政府统筹规划、统筹引导、统筹服务和统筹扶持。统筹规划方面：对高等教育发展的速度、规模、质量、结构进行宏观管理，促进管、办、评分离，形成政事分开、权责明确、统筹协调、规范有序的管理体制。对学校布局、学科专业设置、学位授予点和继续教育发展规划；统筹研究生教育、本科教育、高等职业教育和高等继续教育；构建层次分明、类型多样、特色鲜明、充满活力的高等教育体系。

（1）统筹引导方面。建立高校学科分类建设体系，实行学术发展分类管理；创新高校人才培养模式，提高高校人才培养质量和深度；加大对高校学术的监督

和审查；统筹推进各级各类高等教育协调发展；统筹高等教育城乡、不同区域间教育协调发展；

（2）统筹编制符合要求和国情的高等教育办学资质、教师引进、招生质量等多项标准。统筹服务方面：深化高等教育综合创新，推动教育事业科学发展，必须以"三个满意"为出发点和落脚点，在关心国家命运、服务国家战略上有所作为，让党和国家满意；在勇担社会责任、满足社会对创新高等教育不断提高的要求上有所进步，让广大人民群众满意；在坚持以人为本、实现好维护好发展好学校广大师生员工根本利益上有所建树，让广大师生员工满意。引进国际创新教育资源，提高中外合作办学水平。

（3）统筹扶持方面：落实扩大高等教育办学自主权，完善我国特色现代大学制度，完善高等教育惩治和预防腐败体系；统筹健全以政府财政支持为主、社会捐助资助教育经费、有限度自主探索高等教育市场化稳定增长的机制；建立地方政府所属高校的教育职责评价制度；探索建立政府督导高校机构职责运转的机制。

二、参与理念

我国高等教育从新中国成立初期的"精英"教育走向"大众"教育，是随着我国政治、经济、文化和社会环境变化不断适应的发展历程，是我国政治体制创新不断深入的体现，是社会主义市场经济创新深入人心的要求，是社会开放文明的自我需求，是我国文化传承自我提升的动力源泉。

社会参与高等教育管理创新的必要性主要有以下几方面：首先，从高校的系统性和开放性来看，高等教育作为一个系统要生存和发展，不可能封闭自我。高校需要汲取自身生存发展所需要的物质资源、人力资源和财务资源，不可忽视与社会普遍联系的客观事实。高校应立足于扩大高校的开放性，融入我国国情的现实社会中，建立社会参与高校管理的机制。其次，经济和社会生活方式的重大变革使得高等教育的大众化普及程度在不断加大，继续教育、职业教育等终身学习教育制度的不断深入人心，极大地刺激了社会参与高等教育的意识。

社会参与高校管理的内容主要包括：一是社会参与高校决策，高校管理创新需要吸纳更多智慧和力量，确保高校的决策体制、运行方式、机构设置等内部事宜得到民主、科学的监督、反馈和建议，社会参与的重要性不言而喻。二是市场权力对高校权力的影响和制约使得社会参与高校管理的具体事务越来越深入。高校的专业、课程设置不断重视市场需求，高校毕业生就业市场要求高校教育管理贴近社会现实，高校内部事务信息公开等等。三是高校的社会服务功能使得社会参与到高校教学科研等高端领域。高校与企业的合作正是社会参与的表现。我国高等教育创新是系统工程，能否在市场经济大潮中接受社会检验是创新成败的关键。我国高校要认清现实发展要求，提高社会服务功能，树立社会服务意识，把社会参与作为自身管理创新的重要内容，实现科技成果转化，提高社会知名度和权威性，满足社会需要的创新目标。高等教育的需求多样性、高等教育走向社会中心以及高等教育经费来源的渠道多元化要求社会参与，这不仅是高等教育发展的共同趋势，还是实现高等教育内部管理善治的重要保证。

三、公共利益理念

公共利益产生于人与人之间的社会联系，是公民个人利益最终的价值取向，代表着长远的、共同的、整体的个人利益。高等教育的利益主体可以分为国家利益、团体利益和个人利益。国家利益是指国家从高等教育的发展中获得的人才培养、科技输出的政治利益。团体利益是指高等教育的大学的各种权力主体在博弈过程中获得的权力利益。个人利益是指参与高等教育过程和活动中的个体获得的参与权、保障权和结果权的权利利益。这三种利益主体只是基本利益和直接利益，如何协调利益冲突和分歧，寻求整体利益最大化，就是公共利益取向的理念所在。

公共利益正当性的基础是以一定社会群体存在和发展为前提，公民的受教育权是公民权利的基本权利之一。因此，保障公民的受教育权利成为公共利益取向的共性特征。高等教育需要在生产知识、科技和人力资本过程中增效，实现教育产业化，进一步改善教学环境，增加教育奖学金的投入和贫困生补贴力度，促进高等教育事业的公平和正义。

高等教育管理创新涉及社会公共资源和经费的使用和调配，影响到社会成员的共同利益，创新的成果需要全社会共享。高等教育创新的公益性具有公共性、社会性和整体性，包含国家层面的经济利益、政治利益、文化利益、文明利益，也包括社会层面的经济利益、文化利益、政治利益，还包括个人层面的物质利益和精神利益。追求公共利益是高等教育管理创新的核心价值理念，是我国特色社会主义高校创新的前提和出发点，是调和权力主体追求共同目标的指导原则。

四、质量至上理念

高等教育的系统类型通常被划分为研究型高校、教学研究型高校、教学型高校和高职高专高校。每个层次的高校所追求的质量标准和人才培养方式以及学习理念都是有差别的，这种差别本来是基于学科、专业、学术自身特点而形成的不同的质量要求。随着高校社会资源的有限性分配和政府资源集中性支配的模式演变，我国高校分门别类的层次出现了雷同化和趋同化特征，高校教育质量的层次差异化被高校自身建设发展所消弭。但社会发展过程中的社会分工和资源专属性越来越明显，对高校教育质量层次的需求面被极大地拓宽，高校教育质量层次化不明朗造成了高校就业环境恶化。解决高等教育质量层次化发展的途径除了政府统筹，最重要的是高校自身定位。高校历史积淀文化内涵，文化内涵塑造高校人文，高校人文成就高校精神。高等教育创新中的按教育规律办学就是对高校文化传承和高校人文环境自主办学的认可。高等教育多方面质量包括学生的质量、师资水平，还包括图书馆的利用率、学术讲座的质量水平、学校后勤质量服务状况以及学术环境的自由民主氛围等。

这就需要高校树立质量至上的学习理念，从教学目的、师生角色、教学内容、教学模式、教学方法、考试方法、教学观等多方面进行改进。例如提升学生的社会责任层次，注重决策观念和技能培养；以学生为本，重视知识的接受和应用及主观能动性发挥；发挥学生主体学习地位，主动探索学习兴趣和努力方向；加强教学内容的基础性，提高教学内容的深度和广度；发展学生个性，激发学生的发散性思维和创造性思维；激励合理竞争，活化教学方法，注重社会实践；拓宽学科的社会研究对象，关注科学前沿知识，拓展学生眼界，提高学生驾驭知识能力，用知识质的提高应对量的增加。

第二节 创新教育教学管理的定位

高校是实施高等教育的社会组织，主要功能是做学问、传授知识和服务社会。由于高校内部学科和学术活动具有相对独立、相对自由和松散的本质特点，这决定了高校本质上是一个相对独立、松散的联合体。结合我国悠久历史文化传统的特殊需要，我国大学可以归纳为"人才培养、科学研究、社会服务、文化传承创新"四项基本职能。从四项基本职能中可以归纳为教书育人是目的，科研输出是手段，个性发展是理念，服务行政是模式。

一、突出育人

高等教育承担着人才培养、科学研究、服务社会、文化传承创新四大职能任务。推动高等教育内涵式发展首先需要处理好人才培养与科学研究的关系。人才培养是高等教育的根本使命，在四大职能中居于核心地位，包括科学研究在内的高校一切工作都要服从和服务于学生的成长成才。人才培养的是人才素质，包括人格、知识、体质和艺术，即"德智体美"。大学的核心功能是培养全面而自由发展的人才，塑造符合我国发展的合格的社会主义建设人才，这是我国高校现代化建设的社会使命和至上原则。实现核心功能的途径便是知识传授，因此二者归纳为教书育人。"大学之道，在明明德，在亲民，在止于至善。"培养专门人才是高等教育的本质特征，突出创新能力培养，进行科学素养和人文素养的融合，造就全面发展的人才。

首先,建立以学生为服务之本的高等教育质量评价体系,把高等教育的传授重心放在学生身上,从关注学生成长和体验出发,将学生自主学习知识和全方位考察评价授课质量等确定为高等教育教学评估考核的重要内容。培养学生具有开拓精神、竞争能力,具备复合型知识,满足市场经济发展需要。其次,高校教师有必要参与社会实践,加深自身与社会需要的亲身体验,打破高校教育内部自我封闭的认识局限。高校教师学者的社会需求体验和实践一方面可以提高学者解决实际问题的能力,丰富教学素材,将社会急需技能传授于学生;另一方面可以使学者和学生对社会需求的认知更为切合实际,注重学生创新能力观念培养、终身教育观念培养、基本学习能力观念培养,实现以学生为本的教学创新。再次,高校必须研究社会需要的各级各类各层次人才的素质结构和能力需要,为人才的社会输出提供品德培养、技能服务、智力保障、素质完善,以实现知识价值的社会转化效能,实现科学技术是第一生产力的理论与实践的无缝对接。

二、注重科研

高校科研输出的最大化取决于高校科研管理人员的自身素质建设,涵盖知识素质、管理素质、伦理素质和服务素质等,这都需要高校完善的科研培养培训机制为保障,赋予科研管理成果转化享有权,激励科研输出的主动性。科研管理职能在通过社会输出实现科技转化的过程中需要努力实现四个能动,即能动策划、能动组织、能动跟踪和能动管理。强化科研课题设计和项目申报策划,强化科技成果转化和报奖的策划意识,强化科研部门跨学科的创新团队组建,强化社会合作企业的技术成果转化平台推广,强化科技推广的跟踪机制,强化基础研究与应用研究的有效融合。高校需要牢固树立人才培养必须以高水平科学研究为支撑的观念,鼓励教师重点开展有利于提高教学质量、推动理论创新、服务经济社会发展的科学研究,并将研究成果及时转化为教学内容。还要正确处理好科研与教学的关系,树立科研为教学服务,科研和教学为社会服务的意识,提高高校的科研实力,提升学校的知名度和学术的名誉度。

三、坚持个性发展

从本质上讲,大学管理是知识和科技的创造性组织,尤其是在我国高等教育管理创新的社会环境形势下,大学管理需要开拓进取的创新精神。只有创新精神才能塑造和铸就具有内涵式发展的高校,从而培育出个性发展的个体和团体。从个体层面来讲,学生乃至学者,需要保持个人的思想独立、学术自由、民主平等。个性既是个体的整体精神面貌还是个体独有的心理特征,个性发展是个体独特性、创新性和主体性的实现过程。首先，高校个体培养理想、健全人格。在个体的短期目标、中长期目标和远大理想树立和实现过程中，将个人价值、社会价值融于一体，通过高校文化载体和高校学术载体输入和输出，经过高校个体的努力奋斗和高校平台的支撑，致力于服务国家和社会。培养集体荣誉感、团结合作精神、努力拼搏意识、热爱生活态度、严谨求知志向、无畏探索倾向、全面发展思路等个性心理特征，培养人文素养、社会责任、道德良知、兴趣爱好、体育活动等社会人格要素。其次，高校个体培养创新意识和创新能力。个性发展是创新精神的基础，创新精神的目的是以人为本，以人为本的核心是个性发展。经过对高等教育知识接触、传授、探索和考究，高校个体结合个体兴趣和喜好，通过对知识真理的探求，势必带来创新活力和创新意识及能力的注入，高校个体的事业心、责任感和使命感便在个性的培养过程中自然而然形成。再次，高校个体拓宽眼界、开阔思域。高校个体借助高校知识平台和高等教育交流计划，能够把握世界最先进知识的前沿，了解人类发展困境中的障碍，接受国内外先进思想知识的洗礼，总结归纳个体立志追求的方向，树立个体人生崇高理想的目标。最后，高校个体活力四射、自我约束。高校个体在身心健康发展的同时，抵御社会思潮的诱惑，完善自我约束，注入时间和精力，运用年轻活力和创新精神，争取个人价值的实现和社会价值的体现。从学校层面来讲，高校需要树立自身的教育特色和人文底蕴。一是丰富高校自我精神。挖掘高校的历史文化传统，吸收现代大学的办学理念和思想精华，传承高校精神，明晰高校使命。二是树立高校独特观念。秉承高校校训，加强每届师生的校史教育，学习高校学术大师、学术大家的人格魅力和开创精神，尊重师德，传承高校先辈的奉献精神和学术追求，强化本校的责任感、荣誉感。三是健全高校文化制度。完善高校大学章程，推行制度创新，将高校精神和高校行为文化融入制度设计中，体现到师生行文中，用制度督导高校文化的自我渗透。四是完善高校标识建设。充分利用高校的校旗、校歌、校徽等文化符号的视觉效果，制定高校标识使用规范，开发设计高校独特的文化产品。例如高校信笺、邮票、台历、纪念品、纪念册、公文样本模板、校务公示样板、高校录取通知书、成绩单和奖励证书等。五是创新高校文化载体。运用高校事务如校庆、运动会、毕业典礼、新生入学等仪式，弘扬和传播高校独特文化内容。

四、着眼服务行政

"服务行政"一词源于德国行政法学家厄斯特。服务行政是由原来的计划经济向市场经济转变过程中关于行政法的定位和作用的指导理念。高校服务行政必须从"以权力和政治为中心"转变为"以大学章程为中心"，从"管制行政"转变为"服务行政"。遵循有限性、法治性、民主性和有效性原则，树立以人为本的理念，重视高校学术权力的诉求，增强服务意识；通过沟通与协调的民主平等对话机制，致力于高校教育质量发展，推动高校学生的全面发展，紧密联系高校与其他社会组织的交流与合作；设计符合现实需要的行政服务管理制度，将高校自由发展权力归还于高校权力各主体，最终实现行政权力与学术权力关系的有效融合、行政权力与学术权力的相互信任、行政权力与市场权力走向良性互动。

高校服务行政必须协调学术权力与行政权力的相互关系。首先，二者的合理性需要兼顾。学术权力的独立行使是高校学术自由、民主管理、公平公正的建校根基；行政权力的管理履行是高校管理效率和运行秩序的基本保障。二者只有实现动态平衡和互助共享才能实现我国高校自主发展的目的。其次，二者权力边界需要明确。根据大学章程，建立相互分工、互相合作、相互制约的关系。再次，二者作为高校权力系统的内部构成要件，学术权力作为高校权力的基础，行政权力必须为学术权力服务。最后，高校的政治权力创造组织体制保障和构架，行政权力是"制度性权力"，学术权力是"权威性权力"，行政权力需要通过制度设计确保学术权力应有的地位和权威，实现政治权力的问责协调定位，发挥高等教育内部权力运转的畅通与高效。

第三节 创新教育教学管理的结构

高等教育管理创新作为一个系统工程，相互制衡的权力结构的构建是该工程不可或缺的子系统之一。对于整个高等教育管理的大系统来讲，内部与外部两个环境相互作用。外部环境包含诸多因素，比如国家和政府调控、人民和社会需求等等，但在这诸多因素之中，市场是核心和关键。经济体制创新是全面深化创新的重点，核心问题是处理好政府和市场的关系，使市场在资源配置中起决定性作用和更好发挥政府作用。让市场行使参与权是抓住外部环境中市场的关键、是发挥市场在高等教育资源配置中起决定性作用的重要举措。

一、参与权

从历史发展过程来看，市场权力在我国高校发展过程中处于遮蔽状态，主要通过学生报考志愿、报考专业、大学生就业等途径展示市场权力对高校发展的影响，相对乏力。从历史发展趋势来看，市场权力在我国高校管理创新过程中发挥越来越大的软实力，持续走强。创新开放以后，市场就开始逐步渗透到我国高校发展中，经过三十多年的发展壮大，市场力量已经明显显现。比如，逐渐形成了以公办高校为主、社会各界广泛参与、公办学校和民办学校共同发展的我国高校办学体制，实行市场机制的学费制度、就业环境和人才竞争；我国高校的专业、课程设置不断重视市场需求，公办高校与私立高校的竞争也风生水起。市场经济发展大潮中的经济意识、主权观念、竞争意识、自由精神、宽容态度、平等观念和共赢博弈正在我国高校不断上演。市场权力的构成主体是宽泛且多元化的，是我国高校自我体系外的多因素综合体全方位展示，有国家需要、社会需求、市场刺激，也有国际化和全球化过程中的不断要求。市场权力的参与权主要通过以下三方面行使。

首先，市场权力要求高校教育服务质量贴近现实需求。我国高校毕业生数量在不断增加，近两年增速略有下降，但总量也创历年新高，毕业生就业压力大已成为不争的事实。学生就业情况严峻，高校的教育质量需要更加适应市场的需求和变化，重视学生参与市场经济活动的能力和条件，摒弃盲目以我为主的办学理念和不求思进的教育观念，需要发挥政治权力在我国高校发展中的调控权。

其次，市场权力要求打破创新高等教育服务。随着我国经济发展的不断进步和我国居民家庭支付能力的不断提高，高等教育资源作为最有潜力和最具回报率的市场，对外交流的范围和深度正在我国不断增大。

最后，市场权力要求大学信息透明公开。信息公开是把知情权、参与权和监督权结合在一起。伴随着我国政治体制创新的步伐，更充分的信息不仅服务于保护消费者的权益，而且也可以提高生产者的效益。产品的质量信心可以激励生产者投资于质量改进，进而更好地在市场上进行竞争。近年来我国陆续有单位或团体发布我国大学排行榜，这种全面丰富的"消费者导向"排行信息公布，需要我国高校的学校声誉、学生保持率、学术研究成果、专业排名等多维度和多指标的权重展示，这些事关高校教育质量信息的大量公开需要我国高校行政权力发挥管理权，政治权力发挥调控作用。

二、问责权

问责权体现了高校所具有的政治性特点。我国高校构建合理制衡的权力结构，不是简单地剔除国家和政府对高校的控制权，而是为了以党委为代表的政治权力能够找寻适合自身的权力领地，正确发挥高校"举办者"作用。

首先，明确党对高校的领导地位。高校的政治权力是国家权力在高校中的具体展示，决定着高校发展的基本性质，决定着高校人才的培养目标以及高校人才培养标准等重大课题。

其次，确保高校相对独立的办学自主权。高校政治权力实际是政府权力在高校的延伸和扩展，改变全能政府的管理理念和态势，向服务型和有限型职能转变，赋予高校办学自主权，坚守政治权力应尽的权利和义务不越界。

最后，创新高校政治权力观念。在公共管理理念盛行的当下，我国高校的政治权力主体校党委也应顺应时代要求，勇敢奉行宏观调控理念。校党委将不再以统治者的身份来治理高校，而是合作者的身份。由事无巨细的微观管理演变为关注所有权力和权力主体的利益，鼓励教师、管理者、行政人员、学生、学生家长、社会用人单位、校友等人士有权参与高校治理，建立广泛吸纳各方利益的代表参与治理机构，使这些利益相关者平等参与高校治理。政治权力作为高校行政权力、学术权力和市场权力的体制保障，可以探索西方国家的高校决策联席委员会模式来调控高校行政权力运行和保障学术权力自由，通过市场权力的检验和反馈，创造符合时代要求和国家发展所需要的特色高校。

三、管理权

行政权力是确保高校运行效率和运行秩序的必要机制。高校行政权力管理权划定是为行政权力在高校运行过程中设置合理的权力边界，即通过以校长为首的行政管理人员的管理工作，提高学校履行职责的效率。高校的行政权力以校长为代表，主要体现在行政组织协调工作，其管理目的、管理运行方式及管理结果反馈都要求校长为代表的行政权力具有高校大局观，保证整个高校的运行有序，正确发挥高校"办学者"作用。高校行政权具有一元性特征，一所大学只能有一个行政权力系统，权力的运行是自上而下逐级实施，最后实现行政权力的目标。高校办学规模的不断扩大和内部管理的日益复杂都对行政权力的发挥带来了挑战。

高校的行政权力致力于实现人才培养、科技进步、社会服务、文化传承创新四大职能，可以通过两个方面来实现。一方面，代表国家和政府管理学校，发挥管理者职能，主要通过科研、教学来实现合格人才培育、人才智力发挥、研究型与实践型科技成果孵化等社会价值实现过程输出；另一方面履行高校内部自我管理的掌控者形象，主要通过协调组织机构运行、完善自我管理模式、提高高校内部资源配置、构建高校特色文化底蕴等自我价值实现过程流转。上述行政权力管理职责活动原则必须以高校政治权力为依托，以学术权力为基础，以市场权力为标杆，实现高校的内涵式发展。高校行政权力履行要摈除高校行政化中的不利因素，坚守高校管理章程所限定的管理权限，强化高校行政权力的服务意识，创造高校学术权力充分发挥的制度环境和人文环境，实现高校与政府、社会、市场的和谐共处。

四、专业权

学术权力是大学精神的体现，是大学内在逻辑的客观要求，是大学本质特征的外化，也是建立现代大学制度的核心。学术权力以高校学术委员会为代表，参与主体是高校教师，主要依靠学者自身的权威，采用自上而下的运行方式是高校权力的基础。学术权力意味着招生、考试、毕业和科研等方面拥有不可动摇的地位，就是让最有资格学习的人进入高校，了解他们是否掌握了知识，是否应该获得学位，是否有资格服务社会。行使专业权至少包括高校的课程设置、教学自主权、教育评价权和文凭认定权，这就需要高校成立学术委员会、学位评定委员会和教学工作委员会等高校内部团体组织来实现学术权力的独立行使。

（1）学术委员会：由科技处和研究生部负责人以及各学院和重点实验室具有正高级专业技术职称的代表组成，承担学术决策作用，包括学术水平评价、科研项目申报、科研项目评审、学术道德评审、学术规范教育、学术诚信教育、学术不端行为审查等职责。

（2）学位评定委员会：以学科分布为主，由科技处和研究生部负责人、分委会主席及具有正高级专业技术职务的代表组成。承担学科学位评定作用，包括审议学位点申报、学位授予、学位撤销、指导教师审查等职责。

（3）教学工作委员会：审议学校教学工作规划和重大教学创新方案，指导全校教学工作；审议学校专业建设、课程规划、教材编订、实验室及实践教学基地建设；审议教学奖项评审，推荐各类奖学金；审议学校教学管理规章制度；审议学校教育教学研究及项目课题申报；开展教学调研等职责。

学术权力肩负高校生态系统中的特定组织使命，力求实现教学自由、学习自由、研究自由，与行政权力一并主导高校内部事务的决策，尤其对行政权力干扰学术自由权的行为活动必须坚守持之以恒的学术理性和自由平等的学术资格，重视学术权力的基础建设和学术人才的自我权益保护。

第四节　创新教育教学管理的机制

高校作为一个组织存在，组织架构和制度安排必不可少。我国高校创新基于创新理念和职能定位以及对权力结构制衡的思量，在科学合理决策体制之下，需要实施合理的机构设置满足创新的需要。正确的创新理念要求机构设置多元化和民主化；精准的职能定位要求机构设置简约化和扁平化，建立科学合理的横向组织机构；制衡的权力结构要求机构设置制度化、规范化和程序化；科学的决策体制要求机构设置开放化和时代性。我国高校的机构设置主要包含决策治理机构、行政执行机构、学术自治机构和监督反馈机构四大类。分别是高校政治权力、行政权力、学术权力和市场权力职能行使的载体，是权力运行有效的制度安排，是高校创新理念的现实选择和职能定位的理性判断。

一、决策机构

由于我国高校的政治权力与行政权力被统一为行政权力，政治权和行政权的权力制衡使得决策机构和行政机构必须相互独立。实际上，我国公办高校目前还没有成立专门的决策机构，即大学决策联席委员会。大学决策联席委员会包括：高校党委、教育机构代表、教师代表、学生代表、校友代表和社会知名人士代表等。大学决策联席委员会的组成首先是高校内外构成主体和外部联系紧密者，决策联席委员会的成立和职能行使是依据大学章程的具体规定，其常设机构是高校党委办公室，下设三个处，共青团、国有资产处和组织处。大学决策联席委员会不介入高校具体管理过程，根据大学章程对行政权力的越界行使阻止和学术权力的违章问责以及二者权力冲突的调和。大学决策联席委员会融合了行政权力、学术权力、市场权力和政治权力的代表，进行高校内部自我控制与管理，自我决策、自我审视自身发展过程中的问题和重大事项。大学决策联席委员会的召开程序和成员构成及决策制定和实施均由高校章程规定，是高校总体决策和方向性、政治性的决策机构。

二、行政机构

高校的行政执行发起人是校长。校长办公会包括校长、行政各处处长，主要针对高校内部事务进行行政执行，召开的频率更高，参与执行的人数更多，执行的效率更高，关注的对象更细，主旨是服务高校、服务师生、提供保障。校长办公会的常设机构是校长办公室，组织、安排和协调校长办公会的召开、高校事宜以及对外事项发布。在大学章程的制度安排下和政治权力的委托代理关系下，成立以校长为首的行政执行机构。下设人事处、财务处、医务处、总务处、就业处、保卫处、外联处等校级层面行政服务保障机构和各学院里设置的院级层面行政服务机构，学院办公室包括辅导员、学院行政主任等行政人员构成。

三、学术机构

在大学章程的制度设计和保障下，成立学术委员会、学位委员会和教学委员会三大学术自治机构。分别设有机构为学术工作部、学生工作部和教学工作部，管理高校的图书馆、电教中心、实验室和出版社，涵盖高校学生的招生、录取、选课、学术活动、学生活动、学习安排等等。高校各学院也分别成立以上学术工作部、学生工作部和教学工作部的下属机构，自主管理高校师生的学习、活动、学术、科研和对外交流。高校各学院院长是学术型人才和管理才能的选择，是学术权力的代表，不依附于行政权力而自主实施管理，按照三会的内部宽松的学术氛围和松散的组织形式来满足本院学生的德智体美等各种技能的需求。

四、监督机构

在大学章程的制度设计和权力制衡体系中，成立校友会、校企联合会、工会、纪律检查委员会和审计监察处等监督反馈机构。监督反馈不受行政权力和学术权力的影响和制约，有向高校政治权力，即高校决策联席委员会提请重大事项审核和问责的权利义务。监督反馈机构既要监督反馈行政执行机构的机构设置和职责行使，也要监督反馈学术自治机构的机构设置和职能监督，配合高校决策治理机构做好高校自主发展的协同作用。

五、保障运行机制

高校是一个系统，由高校内部、高校领导人和高校外部三个部分组成。高校外部是高校实现高校善治的外部环境；高校内部是高校善治的结果；高校领导人是连接高校内部善治与高校外部参与反馈的桥梁，校长产生机制又受到高校外部和高校善治结果的影响。

高校内部运行机制，体现决策、执行、监督的组织结构：大学决策联席委员会、校长、学术委员会。大学决策联席委员会：利益相关者组成，决定大学的战略与发展；校长：战略执行人，行政首脑；学术委员会：战略和运行结果的监督者。这三者通过政治权力、行政权力和市场权力相互影响制约，相辅相成，合作共存。高校外部运行机制，主要指大学外部资源的获取机制，例如大学党委、学术委员会、学位委员会。主要资源包括资金、资源和人才。获取方式既可以通过市场竞争，也可以通过行政分配。所以，高校外部运行主要涉及的是大学与政府、社会的关系；评价标准是大学能否机会均等地获得外部资源，特别是政府公共资源。高校外部运行机制合理与稳定要依靠法律和法规，即通过法治来实现。具体来讲，运行方式的高效有赖于科学决策体制的建立、和谐外部关系的营造和有序内部关系的理顺。

（一）优化机制设计

决策体制是决定运行机制是否高效的前提和基础，优化机制高效运行的顶层设计，就是要探索大学决策体制的范围、决策内容以及决策实施等活动，决策体制要服务高校办学定位和大学精神，决策内容要针对大学办学自主权和办学风格等宏观层面，决策实施要配合管理制度和大学章程的具体规定，决策机制要结合高校内部权力运行机制而布置安排。其中学校办学模式和办学水平的确立是决策的核心与前提。

首先，完善高校党委领导下的校长负责制，深化为高校决策联席委员会和校长负责制两个决策体制。高校党委和校长的民主集中制决策体制可以深化为高校决策联席委员会和校长负责制两个决策体制以避免政治权力和行政权力的混淆和结合。高校党委作为学校政治权力的核心，其权力来源于国家，在高校中处于统治地位。我国高校党委肩负重任，总揽全局，协调各方，统一领导，主要是把握正确的高校办学思路，确定高校办学目标，明确高校办学任务，体现出我国高校的四大职能，实现高校的内涵式发展。高校决策联席委员会是以高校党委为主导，由高校内部各团体和部门的党员构成，职责很清晰：遵守大学章程，把握高校方向、抓好大事、做好协调沟通。该委员会不设实体机构，仅设高校党委作为实体组织，负责委员会的召开、组织、成员资格审核、会议发布等具体工作，为高校决策联席委员会服务。不参与、不干涉、不过问高校内部管理，只负责行政权力越权纠正（大学章程）、学术权力与行政权力调和、政治权力问责权行使。我国高校校长作为高校的法定代表人，在高校章程的明确界定下，积极行使行政职权，全面负责高校的内部管理和组织建设。

其次，提升学术权力，体现大学精神。我国高校决策体制的健全与否最重要的课题是培育学术权力的权力地位，成为行政权力的平等制衡权力。学术权力的主体是学者，按照大学章程，保护学者个体学术权力的学术自由，使学者成为自身学术工作的主导者和发起者，不依赖于行政指导，靠市场权力的发展奠定自身学术权威。根据高校章程，建立自我评价和选拔机制，实施扁平化、非集权、松散的自主管理模式，通过学术机构（三会）即学术委员会、学位委员会和教学委员会来主导和行使高校学术权威，实现学术自由。

再次，推动制度创新，树立大学章程崇高地位。民主和法治是时代进步的标志更是大学发展的基础，建立现代大学制度就是要保证大学的学术自由，兼容并蓄、和而不同的学术环境。大学章程是高校的最高法则标准和权力界定规范，是现代大学制度的最重要载体，还是高校政治权力、行政权力和学术权力的关系和纽带，涵盖信息公开制度、质询制度、人事罢免制度、问责制度、激励制度。针对高校校长负责制下的决策体制，需要遵守依法治校、民主管理制度，这是社会主义政治文明在大学的集中体现。具体表现为：第一，行政决策主体参与多元化。广泛鼓励高校师生参与学校的发展和建设，使决策科学化、规范化和专业化。扩大高校教师的权利，教师拥有自主治学权和参与决策权等相关权利；要提升学生在高校内部管理中的地位。学生是大学决策的相关利益者，学生应该而且有能力参与决策；适当削弱行政人员的权力。充分吸收校外各界人士参与高校决策，实现大学管理民主化和治理多元化。第二，决策过程参与民主化。推行校务公开，既要公开决策过程还要公开决策结果。根据大学章程管理办法对凡涉及师生员工切身利益、需要师生知晓以及高校管理规章制度等事项,均应通过高校的网页、BBS、校报、公示栏、微信等媒体媒介及时准确公开。

(二) 营造机制外部环境

机制高效运行环境的构建主要着眼于两个关系的处理,一是与政府的关系,二是与社会的关系。和谐外部关系的营造一方面要弱化政府与高校的关系。首先,从高校的本质属性来看,政府与高校的监管与被监管的角色定位需要重新审视。同时,高校也不能被市场所掌控,不能完全推向市场,不能失去作为培养高素质人才的公益目的性。为了保证高校发展不脱离社会主义的方针政策,最终实现国家人才培养计划的国家利益,政府对高校的监管是必要监管。必要监管即由政府直接管理转为间接管理,由微观管理转为宏观调控管理,由严格从属地位管理转为平等契约制衡管理。政府通过明确的权利义务内容来监督约束高校,就可以达到政府与高校的适度平衡。

其次,从高校的发展历程来看,政府与高校的教育行政管理模式需要变革。我国高等教育管理创新自我国成立就沿袭苏联的高度集权的管理模式,同时政府作为高校的出资者和举办者,政府管控沿用计划经济体制传统,加之我国数千年的官本位思想的传承,我国高校行政化是一个不争的事实。我国高校在整个构成和运行方面与行政机关在体制构成和运行模式有着基本相同的属性,我国高校接受政府行政管理的统一模式、统一标准和统一步调自上而下进行建设和发展,形成了高校办学自主权的本末倒置。高校内部行政人员成为学校运行的核心,教学科研人员丧失了对学校的支配权,导致高校主体出现混乱的情况。高校内部职称考评、职务提升及价值分配,不是出自自身素质和能力而是对行政权力的顺应程度,造成了高校价值颠倒。

为了确立高校学术权力本位,实现高校行政权、学术权和民主管理权相互制衡和监督,改变高校作为政府附属机构的历史地位,需要转变教育行政管理职能。政府不能将其行政权力触及高校的内部管理事务中,政府需要充分尊重高校的独立主体地位。政府只需要在高校自主权的约束方面进行教育目标、教育质量、人才培养、教育经费等方面进行详细约定。允许高校自主制定教育计划、自主开展科学研究、自主确定内部机构设置和人员、自主管理和使用财产。政府对高校的主要管理职能是制定高校教育发展规划、进行宏观调控、提出指导建议等,不干涉高校内部事务,从而形成合作关系。有的学者认为市场经济环境下国家对高等教育的干预和调控活动是市场调节机制的一个必要补充手段,其目的是完善高等教育的管理体制和运行机制,其性质是属于宏观性的第二次调节。

营造和谐外部关系的另一方面是要密切高校与社会的关系。高校作为知识组织，其职能在于通过教学传承知识，通过科研创新知识，通过社会服务应用知识。传承知识、创新知识、应用知识都是服务于学生和社会。塑造学生人性、完善学生人格、培养学生技能从而为社会发展提供智力支持保障是大学的崇高使命。高校的外部运行机制包括政府、家长、社区、教育机构和就业市场等多因素对高校发展和决策的资源交换和流通，在独立政府作为高校产权代理者的身份属性前提下，弱化政府与高校的关系，高校通过何种方式和办法加强其他社会资源的获得和输出成为高校发展的集中指向。

高校与社会的关系在不同的社会发展过程中呈现不同的表征，从农业时代的社会体系之外到工业时代的社会体系边缘再到知识经济时代的社会中心，高校与社会互动发展、渗透结合、共赢共存是源于二者的交集。高校的科技创新和人才优势能够形成产业化和信息化，这恰恰满足了社会自身需求，在社会区域经济发展、产业科技进步和谋求发展的基础上产生互动。互动的内涵包括合作项目，教育基地，继续教育工程，工程研究中心，远程教育，科技园，绩效技术和管理理念等多方面。高等教育不断适应社会发展的要求是二者互动的动力基础，合作共建联合机构是二者互动的运行保证，通过政治、经济和法律手段进行调控落实。现代社会与高校的关系概括为社会需要资源输送来满足高校内部发展，高校秉持开放自由民主的精神充当社会前进的精神导师。

但是高校与社会的密切联系是建立在高校独立自主办学的前提下，即高校是为社会服务的教学科研中心，不是社会中企业的一分子，高校办学自主权、财政自主权是基于政府投入和问责调控，不会用市场规律来主导高校发展。高校对国家和社会的文化和精神等无形资产以及基础知识研发和社会公共利益至上的教学理念是大学所必须坚守的阵地。与此同时，社会对大学的认同和资源投入是有条件的，要求更多的社会参与和决策反馈。高校与社会的这种"若即若离"的良性互动关系可以表述为：若离是思想、理智活动的独立和对高校外部运行机制保持相对独立；若即是高校与社会密切联系，互融互洽。高校与社会的良性互动主要表现为，一方面，社会是高校的外部环境和基础，高校以社会为存在前提，汲取社会文化和社会资源完善自身；高校的人才培养和科技输出对象是社会，以满足社会需要和人类发展。另一方面，高校作为社会的中心力量，指导社会体系的健全和完善，同时接受社会体系的适度介入和环境影响。我国高等教育管理创新中的运行方式需要接纳高校与社会的"若即若离"的良性互动关系。高校毕业生要在生源市场、教师市场和院校市场中保持竞争力，必然要提高学术质量，采用最有效的学术管理办法，否则就会面临生存的危机。考虑到学术知识的复杂性和动态变化性，我们认为在竞争性的学术市场中专业的自我管制仍可能是最有效的保证学术标准的方式。同时社会融合到高校教育的知情选择权、参与权，能够从多层面和多角度参加高校决策和高校管理的具体工作完成平等地位的参与权,使个人和社会利益与高校团体利益形成利益共同体,促进高校与社会的和谐发展,形成开放、负责、宽容和平衡的互动状态。

(三) 建构机制内部设计

高等教育管理创新运行方式中的关系理顺中,高校内部关系是创新成功的重要保证。大学管理根本上是以学术为中心的管理,其目的是促进学术的发展。学术管理的基础是学术思想的自由和探索的自由,发挥学术权力的主导作用,贯彻学术自由、民主管理的原则,在大学内部营造民主宽松的学术氛围,为科学创造提供良好的学术环境。理顺大学内部关系主要是协调行政权力和学术权力的关系,落实高校办学自主权,遵照大学章程,依赖高校内部合理的机构设置,实现高校善治。本质上来讲,理顺高校内部关系是多中心化治理过程。

首先,健全和完善大学章程。大学章程是高校内部权力运行的法制基础,是大学内部权益相关者制度化规范文件,是大学管理运行纲领性指导。大学章程必须对高校内部政治权力的问责权的行使、行政权力行使管理权的界定、学术权力行使专业权和市场权力行使参与权等相关制度性规定落实,为高校管理创新提供法律依据。其次,优化高校内部决策权力结构,确保学术权力在学术管理的主导作用。明确三会(学术委员会、学位委员会和教学委员会)的具体职责,行使学术范围内的决策、管理、监督、实施和咨询职能,加强三会组织建设、人才建设、制度设计,依据大学章程坚守学术道义、大学精神以及校训。建立质量为上的学术评价制度,建立公开、透明、公正、严格的聘任、晋升、科研激励制度,让学术管理回归学术本位。凸显严谨求实的学术态度和风气,确保学术评价活动的独立自主评议。再次,完善大学校长负责制,提高行政管理水平。依据大学章程,完善规范大学校长行政权力的行使范围和权限,使其专注于服务学术、服务学生和服务学校的目的。大学校长具有教育管理能力和现代管理能力行使对大学行政事务的全权处理,接纳吸收市场权力的决策参与咨询、意见反馈,公平处理校务与学术的从属与主体定位纠纷,尊重学术、尊重教授、重视人文建设。促进高校内部组织机构设置扁平化,提升行政管理人员的服务意识和业务技能水平。完善高校人事制度、后勤管理制度、财务管理制度、信息管理制度等行政管理具体制度。[1]

---

[1] 代静.高等教育管理与教学研究[M].西安:西安交通大学出版社,2017.

第四章　创新思维教育教学管理的实践

第一节　创新教育教学管理的方法

高等教育教学方法创新路径是高等教育教学方法创新活动中重要的实践要素。对这个问题的研究，既可以是对过去或现存状态的追寻或总结，也可以是对未来教学方法创新的价值建构。教学方法的工具理性决定了它没有意识形态的栓结，无论是过去已经存在的教学方法的创新方法还是未来需要着力改进的新的创新方法，无论是各种自创的创新方法还是学习借鉴而来的教学方法，都值得推崇，但都要客观地分析教学方法具有人文环境的适应性和技术支撑条件的差异性，不能盲目。

高等教育教学方法创新的基本路径构建，科学性和新奇性是两个基本判据。教学方法的内在规定性是"价值实现"和"感受共存"，这对教学方法创新实践同样具有理论指导意义，"价值"是科学性创新路径的规定，"感受"是新奇性创新路径的规定。无论是自创还是借鉴的已经存在的教学方法，其本身的价值或科学性一般不存在怀疑，那么作为"感受"所必需的新奇性要加以重视。

高等教育教学方法创新策略，必须提示两点。其一是在方法创新过程中，借鉴异域高等教育教学方法是一个有效途径，这个途径不是在说明哪些方法的好坏，而是提高了教学方法的丰富程度，即感受性的最大特点就是丰富性，不然，师生对于教学方法的感受共轭就是贫乏的；其二是要重视教学方法的人文环境适应性和技术支撑条件的差异性的存在，在学习借鉴时，就要根据不同对象分析该方法创制的原始背景，加以利用，并注意克服推行过程中的技术限制因素，尝试其他途径或通过相关技术解决问题，这本身也属于创新思维范畴。结合创新理论原则和高等教育的教学方法的历史与现状，总结分析得出成功而有效的教学方法的创新方法主要有如下几种。但要特别指出，在教学方法创新实践活动中，掌握一些创新原理和方法只是能实现创新的前提，不是解决创新的灵丹妙药。只有不断深入学习、深刻理解创造方法，积极开展创新实践，才可能有效地掌握创新方法，取得创新成果。

一、组合法

无论是在自然界还是在人类社会，组合创新非常普遍。就教学方法而言，就是两种或两种以上的方法或方法理论的一部分或全部进行适当叠加和组合，形成新的教学方法。组合法是创新原理之一，也符合教学方法创新实践。爱因斯坦曾说："组合作用似乎是创造性思维的本质特征。"组合创新的概率与空间是无穷的。据统计，20世纪的重大创造发明成果中，三四十年代是突破性成果为主而组合型成果为辅；五六十年代两者大致相当；从八十年代起，则组合型成果占据主导地位。这说明组合已成为创新的主要方式之一。

二、分离法

分离原理是把某一创新对象进行科学的分解和离散，使主要问题从复杂现象中暴露出来，从而理清创造者的思路，便于抓住主要矛盾。分离原理在创新过程中，提倡将事物打破并分解，它鼓励人们在发明创造过程中，冲破事物原有面貌的限制，将研究对象予以分离，创造出全新的概念和全新的产品。教学方法创新的分离法，就是把过去或原有的司空见惯的方法加以分解，按照一定逻辑关系进行整理，然后突出某一部分甚至将其扩充放大，成为一种等同甚至超越于原来方法作用的新方法。

三、还原法

还原实际就是要避开现行的世俗规则，即将所谓"合理"的事物设定为"非"，而将事物的原状设定为"是"，就是要善于透过现象看本质，在创新过程中能回到对象的起点，抓住问题的原点，将最主要的功能抽取出来并集中精力研究其实现的手段和方法，以取得创新的最佳成果。教学方法创新与其他任何创新一样，都有其创新原点，寻根溯源找到创新原点，再从创新原点出发去寻找各种解决问题的途径，用新的思想、新的技术、新的手段重新构造方法，从本原上解决问题，这就是还原创新方法的精髓所在。

四、移植法

创新理论认为，移植法是把一个研究对象的概念、原理和方法运用于另一个研究对象并取得创新成果的创新原理。"他山之石，可以攻玉"，移植法的实质是借用已有的创新成果进行创新目标的再创造。教学方法创新活动中的移植法，可以采取同一学科领域的"纵向移植"（我国高等教育教学方法的通用手法是非理性的"下位"的基础教育教学方法"上移"，而当前基础教育教学创新中则采取了诸如研究法、实验法等更多"上位"方法"下移"），也可以采取不同学科领域、不同地域的"横向移植"，还可以采取多学科领域、多地域教学方法的理念、思维和方法等综合引入的"综合移植"。移植能够取得新的成果，在教学方法方面，移植也符合"感受共存"中的新奇性标准：没尝试过的就是新奇的。所以，在教学方法问题上，美国的许多常规方法引入到我国来，就是创新，就能够产生新的效果，而我国的传统教学方法，传播到美国去，也会产生意想不到的效果。

五、逆反法

逆向思维是一种重要的创新方法，逆反法要求人们敢于并善于打破头脑中常规思维模式的束缚，对已有的理论方法、科学技术、产品实物持怀疑态度，从相反的思维方向去分析、去思索，去探求新的发明创造。实际上，任何事物都有着正反两个方面，这两个方面同时相互依存于一个共同体中。人们在认识事物的过程中，习惯于从显而易见的正面去考虑问题，因而阻塞了自己的思路。如果能有意识、有目的地与传统思维方法"背道而驰"，往往能得到极好的创新成果。教学方法中有一种备受推崇的"深入浅出"方法，其实，从逆反法的角度分析，高等教育教学中的很多课程内容可能并不适合"深入浅出"，而更需要"浅入深出"才能达到引人入胜的效果。

六、强化法

强化是一般创新方法之一，它是基于科学分析研判基础上的一种"包装术"，即合理策划。强化法主要对原本一般的方法通过各种强化手段进行精炼、压缩或聚焦、放大，以获得强烈的创新效果，给人以感觉冲击。分析国家级"教学名师"们的教学方法，很多都是采用强化法，把普通的教学方法"概念化"，或者按照分离法原则把一个普通方法的局部元素加以剥离、充实，并开发到极致、应用到极致，并打上首创者的名号。这样获得的教学方法不仅是"新"的，也是"强"的。

七、合作法

高等教育教学活动是典型的深度合作活动。这种认识没有得到长期推广，以至于教学方法的单边主义长期盘桓，根深蒂固。创新现行屡遭诟病的教学方法，推进高等教育教学方法创新，思路之一就是应该从教学活动本源入手。有学者分析"对话教学法"是以师生平等为基础,以学生自主研究为特征的典型的合作创新方法,并由此推演出"以教师为中心""以学生为中心""师生关系平等"和"突出问题焦点"的四种对话教学模式。其实,不惟对话教学法是合作创新的范例,任何教学方法的创新,从创新主体而言,合作的路径是无限宽广的。因为,科学的发展使创新越来越需要发挥群体智慧才能有所建树。早期的创新多依靠个人智慧和知识来完成,但像人造卫星、宇宙飞船、空间试验室和海底实验室等,需要创造者们能够摆脱狭窄的专业知识范围的束缚,依靠群体智慧的力量、依靠科学技术的交叉渗透。

第二节 创新教育教学管理的思路

一、更新教学理念

更新教育思想,确立实践教育教学理念。实践,是指将高等教育教学内容中的自然科学知识、人文知识、德育等各种理论知识教育,通过具体的系统实践来消化、固化、融合、升华。在实践中统一科学教育与人文教育,把实践育人贯穿于人才培养的全过程,培养学生的实践能力和创新精神,提升个人人文素质和科学素质,达到完全与社会实际需要相符合。高校在校园文化建设中要建立一种新的激励机制,带动学生积极展开创新创业活动,并给予大力支持,全面推进实践教育。

树立以生为本的教学理念。就是在教育教学中要体现出对学生主体地位的充分理解和尊重,对学生潜能的充分诱导和挖掘,对学生人格的充分培养和塑造,把学生的个人意愿、社会的人才需求、学校的积极引导有机结合起来,使学生在知识、能力、思想道德、身心健康等各方面得到均衡、全面的发展,从而促进学生成长成才。这一教学理念要充分贯彻体现到高校的所有教学环节之中的各个方面。在教学模式上,要对原有的缺乏弹性的、学生被动接受的没有选择余地的教学模式进行创新,实施弹性教学计划,建立学分制、主辅修制,让学生有一定的选择权和支配权,可以自由支配属于自己的时间和空间,着力于学生创新能力和实践能力的培养;在教学目的上,要"一切为了学生,为了学生的一切,为了一切学生";在教学方法上,要大力提倡"以学生为主体、教师为主导"的互动式教学方法,鼓励进行问题式、案例式、讨论式、情境式教学法,开展"启发、互动、探究式"的课堂教学实践,采取一系列措施,使教师由传统式知识传授型教学向现代式研究性教学转变,引导学生由被动接受型学习向研究型学习转变。

在教学组织的具体实施方面,应采取灵活多样的教学组织形式,而对目前过于刻板的传统教学方式进行创新，充分发挥学生的个性，对学生进行激发和引导，使学生经过探索研究而学会自主学习，使教学方式以传授知识向培养学生认知能力和全面素质转变。转变以教师、课堂、书本为中心的教学局面，进行师生互动，展开专题讨论，鼓励自主探索与合作的学习方式，培养学生的探索精神与批判性思维；重视教学的创新性和学生个体间的差别指导，让学生在与教师的朝夕相处中耳濡目染，接受熏陶；以学生亲自动手实践为主，采取提供实践平台、鼓励学生积极参与科学研究实践课程创新的手段，增强教学活力，培养学生获取新知识、分析和解决问题、交流与合作的能力。

制定均衡的高等教育资源配置政策。在重点大学和普通大学之间要实现教育资源配置的均衡。在建设和发展"985工程"和"211工程"重点大学的同时也要兼顾一般大学，着力改善一般大学的办学条件。还要针对目前不同区域间高等教育差距越来越大的现象，制定相应的区域高等教育政策，寻求不同教育资源在区域间配置的平衡，增强区域高等教育发展的动力。科学合理地安排高等教育的学科专业布局，加强教学内容和课程体系创新。合理安排课程设置，高校的办学理念、专业与课程设置、教学模式要与社会需求相一致，培养与社会需求相符的人才。首先，在进行学科专业建设时依据"厚基础"原则构建培养本学科专业人才的基础知识、能力和素质结构。其次，在安排学科专业布局时要依据"宽口径"原则，拓宽学生的专业知识面，把专业设置从对口性向适应性改变，实行宽口径的专业教育，优化课程整体结构，拓宽专业课程交叉培养，增加弹性教学，提高教学质量，提高学生的综合素质，培养学生科学全面发展，为社会提供高素质人才。最后，高校要抓住自身特色，合理定位，遵循差异性原则，建设优势学科，避免模式单一，合理配置教育资源，促进教育公平，促进高等教育科学发展。

因材施教，树立以生为本的教学理念。因材施教，就是根据不同学生的个性特点来进行不同的教育活动，通过对差异性的辨析制定出适合其特点的教学计划。教育公平的实质也不是使每一个学生都要获得同样的教育，而是使每个学生都获得"适合"自身的教育，这就是教育公平的"适合性"原则。我们要充分认识到学生是教育活动的主体，学生是发展的独立的人，每个学生都有自己独特的个性，我们要做到在制定教学目标、教学模式、教学内容以及教学方法等教学活动方面要坚持以生为本的教学理念，尊重学生的主体地位，充分挖掘学生的潜能，使学生的个性得到充分发展，塑造学生的健全人格，促进学生的全面发展，促进教育公平的实现。

构建高等教育教学质量保证体系。高等教育教学的质量直接影响着人的全面发展，最终影响经济社会的发展，我们要依据相应的政策法规建立高等教育教学质量保证体系，规范学科专业建设，避免重复建设和教育资源浪费，构建独立的有权威性的高等教育教学质量评估机构，加强对高等教育教学质量的监督，完善高等教育教学评估政策，充分发挥社会的监督作用，对高等教育教学质量进行监督。

总而言之，追求高等教育教学公平是促进高等教育公平的核心所在，也是促进高等教育创新发展的不懈动力，我们必须坚持科学发展观，继续深化高等教育教学创新，优化高等教育结构，不断提高高等教育教学质量，实现人的全面发展，最终促进高等教育公平的实现。

二、办学特色

（一）办学特色的内涵

特色应当对于优化人才培养过程，提高教学质量作用大，效果显著。特色有一定稳定性并在社会上有一定影响、得到公认。特色可体现在不同方面：如治学方略、办学观念、办学思路；科学先进的教学管理制度、运行机制；教育模式、人才特点；课程体系、教学方法以及解决教改中的重点问题等方面。高校办学特色就是一所大学在长期办学过程中形成的本校特有的和已经被社会认可了的在某些学科领域方面优于其他学校的独特创新风貌和具有可持续的发展方式，具有稳定性、认同性、创新性、独特性、标志性。高校办学特色的内容主要包括学科特色、科研特色、人才培养特色、校园文化特色这四个方面。

（二）办学特色的形成

第一，教育教学创新，培育办学特色。一所有特色的高校必定拥有自己独特的教育思想和教育教学，这种教育思想和教育教学能够在特定时空环境指导着高校在办学发展的过程中的办学思想和办学理念，并能适应时代和社会对教育和人才培养的要求，符合教育思想和教育教学的创新要求，符合教育创新发展和社会进步的一般规律，能够促进教育发展方向、人的全面发展及人才培养过程的优化。教育教学的创新必将带来教育思想的转变，先进的教育思想必将促进先进办学思想的实践，包括新的办学目标、办学模式的重新定位标准，以及如何实现这一标准所采用的方法、途径以及对此办学实践效果的综合评价。

第二，构建学科特色，促进办学特色。学科特色建设是促进高校办学特色形成的关键所在。学科建设作为高校培育人才、科学研究和服务社会三大职能的具体承担者，它的建设和发展水平程度对高校的人才培养、科学研究、专业建设和师资队伍等方面的质量有着重要影响，对高校办学特色的形成有着强有力的支撑作用，并决定着学校的服务能力和水平及办学层次的高度。学科特色是高校办学特色中的标志性特色，是构成高等教育核心竞争力的主要组成部分。学科特色，一是指特色学科，指某一特定的学科特色；二是指学科结构体系特色，指由几个特色学科共同组成的学科特色。特色学科是学科特色发展的基础，学科结构体系特色是学科特色的扩展壮大，真正的特色学科具有不可替代性，是难以被模仿和复制的。高校在学科建设上不能盲目求"大"求"全"求"新"，要求"精"求"尖"，要因校制宜地构建优势学科，发挥优势学科所附带的"品牌"效应，形成办学特色。美籍华人科学家田长霖教授曾经说过，世界上地位上升很快的学校，都是首先在一两个学科领域有所突破，而不可能在各个领域同时突破，达到世界一流。学校要全力支持最优秀的学科，要有先有后，把优势学科变成全世界最好的，当然其他学科也就会自然而然地提升上来。所以从某种意义上来讲，一所大学的学科优势所在，也就是这所大学的办学特色所在。

第三，发扬大学精神，形成办学特色。南京大学教授董健认为，大学之"大"，内涵应该是思想自由、学术自由；培养人完善人，不断提升人格和道德；独立于政治权力之外，追求学术真理，"大学精神"就是在大学里做学问的心理状态和文化立场。大学精神是一所大学内所有成员在长期办学实践中共同创造、传承、逐步发展起来的被大学所有成员共同认同而形成的一种精神理念，它反映了一所大学的历史文化传统以及面貌状态，是大学的精神信念和意志品质的准确表达，是大学独特气质的精神形式和文明成果的表现，也是大学所有成员的精神支柱。大学精神犹如个人的品格，是大学最为核心和高度抽象的价值追求和行为规范，决定着大学的行为方式和大学发展的方向，是大学存在和发展的基石，是大学的灵魂和本质之所在。大学精神是大学保持永久活力的源泉，是大学优良传统文化的结晶，是大学在长期教育实践中积淀下来的最具典型意义的精神象征，体现了大学所有的群体心理定式和精神状态，展现了大学的整体面貌、风格、水平、凝聚力、感召力、生命力，最终凝聚形成独有的办学特色。高校的办学理念以及办学实践应该有利于大学精神的形成和发展，并使之形成一种特色教育，经久不衰。

三、推进师资队伍建设

逐步取消高校行政级别，精简高校管理机构，压缩行政费用开支，使教师真正在高校中处于主导地位，同时进行师资队伍建设。百年大计，教育为本；教育大计，教师为本。习近平总书记在同北京师范大学师生代表座谈时指出："教师重要，就在于教师的工作是塑造灵魂、塑造生命、塑造人的工作。一个人遇到好老师是人生的幸运，一个学校拥有好老师是学校的光荣，一个民族源源不断涌现出一批又一批好老师则是民族的希望。国家繁荣、民族振兴、教育发展，需要我们大力培养造就一支师德高尚、业务精湛、结构合理、充满活力的高素质专业化教师队伍，需要涌现一大批好老师。"

（一）优化高校师资队伍结构

高校师资队伍的结构内容主要包括教师的学历、职称、年龄这几个方面，它可以直观地反映出教师队伍的质量、能力和学术水平的一些基本情况。对于高职称的学科、学术带头人、紧缺专业人才要给予一定的政策倾斜，根据学科发展的目标，有目的地吸引高层次人才，以确保高校师资队伍的职称结构比例合理；还要通过有效措施引进高学历人才，提高师资队伍的学历层次。加强本校优秀人才的培养和吸纳来自不同地区和高校的人才，引进与培养相结合，推动人才与资源的有效整合，以利于各学科专业教师整体知识结构的优化，最终促进高校师资队伍结构的协调发展。

高校师资队伍建设是高等教育教学创新发展的基石，它直接关系着高校教学质量能否提高。高等教育的快速发展对高校教师的教育教学思想、知识结构、教学方法等综合素质提出了更高层次的要求，要求教师具有熟练应用现代信息技术和现代教育手段的能力，教学与科研的创新能力，理论联系实际的能力，将知识服务于社会的能力以及良好的社会交往能力，要建设这样一支学术过硬、综合素质较高的教师队伍，我国的高等教育师资队伍建设任重而道远。

（二）提高高校教师综合素质

提高高校师资队伍的综合素质要注重教师教学素质的培养。教学是培养人才的直接途径，也是高校的主要工作，教师是教学的实施主体，培养教师的教学科研能力是提高教师教学水平的主要途径。要改变过去只注重学历的提高而忽视教育教学能力培养的状况，既要注重教师专业学术水平的提高，也要重视教师教学水平的提高，要求教师掌握教育教学理论、教学方法以及教学规律，增强教师提高教育教学水平的积极性和自觉性，还要加强教师对科研工作的重视，为教师提供进行科研创新的条件，提高高校师资队伍的科研能力、学术水平和教师职业化水平，以"特色专业－精品课程"建设和聘任重点学科带头人为龙头，加强重点学科带头人、学术带头人、学术骨干队伍建设，在部分学科领域形成独具特色的人才群体，致力于学术大师和教学大师的培养，带动师资队伍整体水平的提高。

总之，我们要把高校师资队伍看作一个整体，通过多种方式培养高校师资队伍的现代教育教学，提高教师的专业理论学术水平、教育教学能力、科学研究能力以及科学文化素养，全面提升它的教育教学功能、团队协作功能、科研开发功能及社会服务功能，使其掌握先进的教学、科研方法，并具有崇尚科学、勇于创新的开拓精神，具有为高等教育事业不懈追求的精神，为高校培养一支具有良好的职业道德、较强的教学科研能力和充满活力的高素质师资队伍，促进高等教育教学质量和水平的提高，促进师资队伍建设的良性循环，促进我国高等教育教学创新，为高等教育创新的跨越式发展奠定基础。

四、创新课程体系及教学内容

（一）课程体系创新

首先要优化和调整学科专业课程结构，因材施教，分层次教学、分类别培养，同时进行主辅修、双学位、定向培养、中外合作办学等多样化的人才培养模式，在满足不同基础学生学习的需求和发展需要的同时也能促进人才培养质量的提升。在课程结构上，打破传统的单一课程结构类型，即分科课程、国家（或地方）课程、必修课程，统一天下的局面，重新调整课程结构，优化课程体系。综合课程、必修课程和选修课程都要各自占有一定的比例，以"本科规格＋实践技能"为特征，重视学生的个别差异，坚持四个结合，即理论与实践、人文教育与专业课程教学、课内与课外、校内与校外相结合，构建一种合理的适合学生发展的课程体系，最终培养学生具备两个方面的素质——文化素质与创新素质，提高四个方面的技能——基本技能、通用技能、专业技能、综合技能。

在高校基础课程教育上，构建综合基础教育体系，所有学科专业都进行国防教育、人文教育、自然科学基础、德育实践等基础知识培训。要构建综合实践体系，搭建公共实践平台，包括专业实验、实习、设计、毕业设计（论文），德育实践，科技文化实践、创新实践等。还要构建学生实践能力考核体系，对学生的综合实践能力进行考核。进行"创新课程"研究，转变理论基础。创新课程所依据的理论基础由心理学扩展为社会学、经济学、文化学、政治学和生态学等更具包容性的学科领域。创新不仅包括首次创造，也包括对他人所创造出来的成果的重新认识、重新组合和设计应用。创新课程并不是以学科的方式向学生传授一整套如何创新的知识、方法和策略，也不是以学生获取学科知识为中心，而是以综合实践的方式为学生提供相对独立的、有计划的进行研究性学习、设计性学习、体验性学习、实践性学习、反思性学习和生活性学习的学习机会，让学生从自己的现实社会生活中自主选择研究课题并通过对开放性、社会性、综合性和实践性问题的探究，形成自己独特的学习方式，培养学生的创新精神、探究能力、开放性思维、社会实践能力和社会责任感。同时，创新课程也是一种创新性理念，指在一种课程开发与实施的过程中除了独立的综合实践课程，原有的所有课程科目在具体实践中都要设置一些必要的干扰性因素，并通过课程内容的复杂性、模糊性来增加课程的难度，以培养学生的探究能力。

（二）教学内容创新

遵循"厚基础、宽口径、强能力、重质量"的复合型人才培养原则，重新规划和设计教学内容与课程体系。改变过去只在专业学科范围内设置专业课、专业基础课、基础课的"三级"课程编排方式，构建专业必修、专业选修、学科必修、公共必修、公共选修五大课程体系，对教学内容与课程体系进行重新规划和设计，按照学科专业普遍大类平行设计学科专业类课程、新公共基础课程、文化素质教育课程和实践性教学课程等较大教学课程内容体系，增加选修课，减少必修课，对公共课进行分级分类教学。厚基础，就是使学生熟练地掌握各个学科专业的基础理论、基础知识、基本技能，并能扎实地运用到实践中去，确保学生的知识基础，强化学生基础知识体系，打造精品课程。进一步加强学生基础理论、基础知识、基本技能和基本方法的学习与实践，进行优秀主干课程建设和基地品牌课程建设，重点建设基础较好、适应面广的学科专业基础课、主干课和专业课，使之达到国家精品课程建设标准。宽口径，就是拓宽学生的专业知识面，把专业设置从对口性向适应性改变，实行宽口径的专业教育，提高学生的综合素质，为社会提供高素质人才。在课程体系建设上，优化课程整体结构，拓宽专业课程交叉培养，提高知识质量，加强大学生文化素质教育，增加弹性教学，改变传统的教学计划。在"公共必修"课程之上可以设置"学科必修"课程，按照分类搭建课程平台，注重文理交叉，在课程体系中设置跨专业课程，强化专业渗透，为学生的宽口径发展搭建学科基础平台，优化学生知识结构，让学生根据自己的专业特长、兴趣爱好和发展趋向自由选择，进一步拓宽专业口径，培养大学生综合素质。强能力，重质量就是从培养学生全面发展、提高学生综合素质出发，以分析、模拟、影视教学等基本形式展开实践教学，加强课堂内外的实践教学环节，并通过组织社会实践、社团活动、专业实习等实践活动培养学生的务实能力、操作能力，注重学生的人格塑造，充分挖掘学生的潜能，注重培养学生"从一般到个别"的解决能力，着重训练学生"从个别到一般"的调查分析能力，帮助学生养成可行性分析的良好思维习惯，使培养出的学生具备强能力、高质量。

（三）注重实践教学

当前，我国高等教育教学投入不足、教学管理环节薄弱、教学创新还需加大力度是高校教学工作存在的主要问题。从1999年起，由于高校的扩招，大学的规模扩大了，但大学生数量的急剧增加所带来的负面影响也正在逐步显现。旧的传统教育思想、教育观念仍占主导地位，教学模式、教学内容、教学方法与学生高等成才实际相脱节，尤其缺乏相对应的实践教育导致人才培养与社会经济发展需求相脱节，致使培养出的学生由于缺乏实践能力而不能满足创新型国家建设和经济全球化发展的要求，失去了大学服务于社会这一功能的重要意义。针对我国高等教育教学创新中出现的这种状况，教育部财政部联合发出了《关于实施高等教育本科教学质量与教学创新工程的意见》，决定实施教育教学质量工程，中央财政将投入大量的资金支持"质量工程"建设。同时，教育部也发出了《关于进一步深化本科教学创新全面提高教学质量的若干意见》，指出要重点落实实践环节，拓宽大学生校外实习、实践渠道，与社会、行业以及企事业单位共同建设实习、实践教学基地，力求提高大学生的实践能力；对学生进行实践教育，并多方面采取各种有效措施，确保学生专业实践和毕业实习的时间和质量，把教育教学与社会实践紧密地结合起来。开展实践教学，要求学校通过开拓各种有效途径为学生搭建实践平台，建立一批相对稳固的课内外学生实习和实践基地，并积极组织学生进行社会实践、调研、实习等活动，逐步培养大学生的敬业精神，培养他们艰苦奋斗的精神和坚韧不拔的意志，有计划、有目的地推动大学生自觉自愿地加强职业道德素养。逐步培养大学生的实践创新能力，积极支持大学生创新创业活动，致力于大学生创新素质的发掘和培养。创新素质主要包括创新意识、创新精神、创新能力等三个层面的内容。在一个创新型国家的建设进程中，这种全新的创新素质正逐渐成为大学生在就业市场竞争中的核心竞争力。

五、教学模式和方法创新

（一）教学模式创新

人才的培养是一个复杂的系统工程，必须不断探索其内在的规律，对旧的不合理的教学模式进行创新，认真细致地研究教学，研究其内在的多重因素：教学理念、教学内容、教学方法、教学模式等，从而掌握教学的规律。因此我们提出了"教学民主"的教学观念，对传统的教学模式进行创新，开创研究性教学、开放性教学和互动性教学等一些能够体现"教学民主"的经典的教学模式，充分突出学生的主体性地位，激发学生的主动参与意识，开发学生的学习潜能，创设民主、和谐的学习氛围，指导学生学会学习，在教学中建立一种和谐的师生关系，充分调动学生学习的自发性和积极性，保证学生和谐的全面的发展。

推广研究性教学，培养学生的创新意识。教学从知识传递向注重能力培养的转变，必然要求教学方式方法的变革，推进研究性教学正是深化教学创新的重要路径，也是研究型大学人才培养的一个基本特征。研究性教学是一种将教师自身的研究思想、方法和最新成果引入教学过程的教学模式。通过研究性教学，使教学建立在科研基础上，科研促进教学的提高，教学与科研互动并向学生开放，从而引导学生在参与教学过程中步入科研前沿，激发学生主动思考、主动探索、主动实践的创新意识。研究性学习的过程，是情感活动的过程，通过让学生自发地参与探究性学习活动，获得亲身体验，逐步形成一种在日常生活和学习中勇于探索、努力求知的良好习惯，从而激发探索和创新的积极欲望。研究性学习的过程，就是一个探索的过程，在一个相对开放的环境中寻找问题和探讨解决问题的过程，通过这一过程，可以培养学生的思维能力，培养学生发掘和解决问题的能力，对学生掌握一定的科学的学习方法，增强学生对资料的收集能力、分析能力、总结能力，以及学会利用多种有效手段、多种途径获取信息都有积极的推动作用。研究性学习的过程是一个互动的学习过程，在这个互动的学习过程中离不开学生与团体、学生与学生之间的沟通与合作，可以说研究性学习为学生提供了一个人际沟通与合作的良好空间，为学生分享研究资料、学习信息、创意和研究成果以及发扬团队精神提供了一个很好的交流平台，培养学生学会合作，发现问题，克服困难共同解决问题的能力。研究性学习的过程也是一个实践的过程，要求学生从实际出发，实事求是，尊重他人研究成果，严谨治学，积极进取。研究性学习的过程也是一个培养学生全面素质提高的过程，通过学习实践加深了对科学的认知以及科学对自然、社会的积极意义与价值，使学生懂得思考国家、社会、人类与世界共同进步、和谐发展的伟大命题，在培养学生的创造能力和实践能力之余还培养了学生形成积极的人生观、价值观。而且研究性学习过程也为学生提供了综合运用各门学科知识的机会，加深了学生对学过知识的重新记忆，加强了学生知识的生活化运用。

进行开放性教学，培养学生的积极参与能力以及自主创新能力。"开放性教学"来自于科恩1969年创建的以题目为中心的"课堂讨论模型"和"开放课堂模型"。开放性教学是为了鼓励学生主动积极地去探究知识规律，对传统教学过程中影响学生发展的不合理因素进行创新，从而培养学生自主创新性学习能力的新型教学。开放性教学的主要思想理念在于以学生的发展为本，通过教学目标、教学方法、教学内容以及整个教学过程的开放，从传统的封闭式课堂教学走向开放式教学，充分发挥学生的主体作用，让学生自己掌握学习主动权，自己去探索、发现，培养学生的创新能力。在开放性教学中，教师不能仅仅拘泥于教材、教案的内容，要给学生提供充分发展的空间，创设有利于学生自主发展的开放式教学情境，根据学生的发展状况不断调整教学过程的每一个环节，激发学生学习的动力，促进学生在积极主动的探索过程中健康、全面、和谐地发展。开放性教学不只是一种教学方法、教学模式，它还是一种教学理念，它的根本目的是让学生的创新潜能得到充分发展，以开放的教学活动过程为路径，以最优教学效果为最终目标。

开创互动性教学，提高教学质量。互动性教学就是在教学过程中充分发挥师生双方的主动性，师生之间相互交流、相互探讨，促进师生共同发展，最终优化教学效果共同完成教学目标的一种教学模式。互动性教学可以活跃课堂气氛，而且能够及时反馈学生的学习进度以及掌握知识的规律。互动性教学包括教与学的互动、教学理念的互动、心理的互动以及形象和情绪的互动等等。互动性教学是一种富有生命力的创造性教学，有着现代性、互动性和启发性的特点，它不同于传统的以教师为主的灌注式教学，也不同于放任学生自由学习的"放羊"式教学，它要求教师按教学计划组织学生系统地有目的地学习，并要求教师按学生的发展要求有针对性地因材施教，促进教师努力探索、学习，不断提高自己的专业水准和教学水平，同时激发学生学习的积极性，促进学生个性的发展，提高教学效果和效率，最终提高教学质量。互动性教学以学生为主体，以教师为主导，提倡师生平等地沟通、交流，让学生在没有压力的情况下轻松自由地学习，让学生参与教学计划、教学决策，有利于培养学生自觉学习和主动学习的能力以及创新学习的能力。

（二）教学方法创新

进行高等教育教学创新要注重教育思想理念的更新，要符合经济社会发展的需要，要吸取国内外教育专家的理论和经验，要坚持理论联系实践。教师要树立大教学观，积极推进实践性教学，处理好知识教学与技能培训之间的关系，把练习、见习、实习、参观、调查等环节全部纳入到教学范畴，使学生在实践中学会学习、掌握知识，在实践中培养解决问题的能力。启发式教学法，就是根据高等教育教学的目的、内容、学生的学习进度、知识规律和现有知识水平，采取各种教学手段，对学生通过启发、诱导的方式进行知识传授、培养能力，促进学生主动学习的一种教学方法。启发式教学法是以教师为主导、学生为主体的一种科学、民主的教学方式，它能激发学生的学习主动性和积极性，激起学生的求知欲和探索欲，让学生开动脑筋、积极思考、大胆质疑、主动实践，并在教师的引导下带着问题进行学习研究，找出解决问题的办法，以达到掌握知识的目的。启发式教学法不只是一种简单意义上的教学方法，它更是一种教学理念。因此，为了激发学生的求知欲，为了提高学生的学习兴趣和探索的欲望，以及对学生创新思维的培养，教师应当遵循大学生的认知心理规律，充分考虑学生思维的特性，采用启发式、研究式的教学方法训练学生的思维，从感知和直观开始，不断引出问题，不断创造背景，紧紧抓住学生思维的火花，循序渐进，启发并改进学生的思维方式、学习方法，让学生在不断地探索研究过程中学习，增长知识，训练思维，由被动学习转变为主动学习，最大化地开发学生学习的潜力。

实践式教学法，就是以边讲边练的方式在实践基地中讲授理论课，通过理论与实践相互结合的方式促进师生共同完成教学任务的教学方法。在教学过程中要着重培养学生的学习能力，培养学生获得知识和运用知识的能力，把教师的讲授、辅导过程和学生的自学过程结合起来，把科学研究引入教学过程，培养学生的研究能力和创新意识；指导学生积极参加社会实践，进行社会调查与研究，在实践中学习知识；鼓励学生进行探索创新。教师讲授时要重视知识的集约化、结构化，让学生重点掌握学科的基本知识、基本结构与基本方法，并运用现代化科学技术逐步提高教学手段，提高教与学的效率，改进考试方法与教学评价制度，调动教师的教学积极性和创造性，促进学生自发地主动地学习。在进行教学计划的过程中，教师作为学生学习过程的组织者与协调人，要精心创设情境，根据预定学习任务来制定教学内容，制定一些来源于实践活动的综合性学习任务，然后引导学生独立确定目标，让学生从一开始就参与到教学过程当中，制定学习计划并逐步实施和评价整个过程，形成实践与学习相结合的教学方式。在整个实践教学过程中，教师可以采用讨论式教学法，以及案例教学、项目教学等多种教学方式，激发学生的兴趣，培养学生独立思考的能力以及解决实际问题的能力，培养学生的科学精神、创新意识和独立人格。

不管采用何种教学方法，传授知识、培养能力、提高素质这三者在高等教育创新中都是有机的统一体，也是高等教育教学创新的最终目的，我们要通过教学方法的创新把这三者有机地贯彻到高等教育教学过程中去。我们要树立新的高等教育教学思想：教师要在充分发挥指导作用的同时抽出足够的时间和精力致力于科学研究，学生能够自由独立地学习、思考以及探索需要掌握的知识（理论和实践），做到教学相长，教法与学法相互联系与作用，共同促进教学效果和教学质量的提高。

总之，在高等教育教学创新中要针对学生的实际情况并结合以上教学方法，才能够提高学生的综合素质，才能进一步提高学生的学习积极性，才能培养出具有一定理论知识和较强实践能力的实用型人才，才能更好地服务于社会。21世纪是全球化的时代，是知识经济的时代，我们要建设高水平高质量的大学，必须树立现代教育教学，坚持以生为本，推动大学教学培养模式、教学内容、教学方法的创新，才能更好地适应高等教育发展的需要，为科教兴国、依法治国服务。

六、重视大学生文化素质教育

大学生文化素质教育是大学高质量人才培养的重要组成部分，是我国高等教育教学创新的一个重要方面，要将文化素质教育贯穿于大学教育的全过程，进而实现教育的整体优化，最终达到教书育人的目的。大学生的基本素质包括文化素质（含思想道德素质）、专业素质和身体身心素质，其中文化素质是基础。文化是人们所创造出来的物质和精神的成果，是人的活动的对象化、物化，是人观念存在的形式，是超越个人的实物形态或观念形态。一种文化一旦被创造出来，就不再受时间、空间、个人的限制，就会被广泛地传播和使用。文化素质，就是人们所拥有的所有文化知识在内在的积淀，文化素质对于人们的人生观、价值观的形成具有基础性的决定作用，并最终成为行为的指导规范，同样，人们已有的人生观、价值观也会反作用于文化素质。提高大学生素质教育，主要是指文化素质教育及创新精神、实践能力的培养。文化素质教育重点指人文素质教育，主要是通过对大学生加强文学、历史、哲学、艺术等人文社会科学、自然科学方面的教育，以提高全体大学生的文化品位、审美情趣、人文素养和科学素质。

（一）提高大学生文化素质教育的目的和意义

我国要发展，经济是中心；经济要振兴，科技是关键；科技要进步，教育是基础。由此可见，教育在我国发展中的作用和地位，是重中之重。在发展过程中，需要主体——人，是有知识、有文化、有创造力的人，进行社会发展和变革，因此，发展最根本地又被归结为人的发展。高等教育，主要是培育有知识、有文化、创新型人才，高等教育能够产生新的科学知识、新的生产力。高等教育的三大职能之一是发展科学，高等教育在传输知识、培养人才的同时，亦创造新的科学理论。高等教育所培养的不同专业、不同层次的各种文化素质人才在社会生活各领域的作用，将直接、间接地影响全社会的可持续发展，可持续发展的教育观念即是应从全社会可持续发展的角度来审视教育的创新与发展。在高等教育中，我国已从办学体制、投资体制、管理体制、教育教学、招生就业、考试制度等方面进行了多层次的创新，已经逐步走上了一条可持续发展的新的道路。当然这条道路并不平坦，在进行创新的过程中会有诸多的问题凸显出来，其中，提高大学生文化素质教育，显得尤为重要。

（二）观念变化对大学生文化素质的影响

我们生活的时代正处于急剧变革的社会转型时期，人们的生存方式和形态也随之发生了历史性的变化，这一变化深刻而广泛地改变了社会背景和机制，从而使道德的权威性与制约作用受到了很大的影响，甚至呈现出一定程度的弱化。目前，受社会上一些阴暗现象的影响，各种媒介的导向作用，使我国大学生的价值观、文化观都发生了巨大的变化。"价值观是人们对人和事的评价标准、评价原则和评价方法的观点的体系。它具体表现为信念、信仰、理想和追求等形态。一定的价值观反映着在一定生产关系条件下人们的利益需求，决定着人们的思想取向和行为选择。"在经济日益全球化的今天，经济的迅速发展，物质的极大丰富，也在刺激着大学校园，大学生作为最敏感的社会群体之一，其价值观也随之不断变化。

文化观是一个人对待文化的态度。我们要树立正确的文化观，不狂妄自大，不妄自菲薄。合理对待外来文化，不一概排斥，但也绝不崇洋媚外。我们生活在一个急剧变革的时代。经济的迅速发展在短期内大大膨胀了人们的物质需要，而在物质需要达到一定的满足时，精神需求方面的问题就会浮现出来。其中最能体现中华民族优秀传统文化之一的就是它的道德观念。我国传统文化具有非常浓厚的道德色彩，我国古代思想家的思想与理论中充满了道德观点。传统思想文化的突出特点和优点之一就是它的道德精神。而当代大学生恰恰就是缺乏对这种传统道德精神文化的理解、继承和发扬精神，而是把它作为一种过时的腐朽的文化思想，把它和所有的传统文化一并遗弃，抛弃了我们中华民族的传统美德。但是，历史是不能忘却的，社会主义精神文明建设和社会主义的发展离不开我国优秀的文化传统。所谓"有我国特色"，它的主要含义之一就是我国的文化传统。深入研究我国传统文化，发扬其精华，对繁荣社会主义新文化，提高国人的自尊心、自信心，增强国家凝聚力和提供民族精神支柱等等，是一项不可缺少的基础工程。

（三）提高大学生文化素质的途径

提高大学生文化素质教育，必须将文化素质教育贯穿于大学教育的全过程，要求培养出的大学生具备人文科学素质、自然科学素质，具有较强的综合能力，如观察分析能力，研究思考能力，语言、文字表达能力，决策能力，组织能力，处理复杂关系的能力以及应用计算机和现代信息技术进行学习、工作和生活的能力，从而实现教育过程的整体优化，最终达到教书育人的目的。提高大学生文化素质，必须从以下几方面做起。

提高大学生文化素质教育，学校必须转变教育观念，必须进一步加大教育教学创新力度，建立科学的课程体系，创新教学内容和教学方法。首先，转变教育思想和更新教育观念。从目前情况看，我国高等教育继承和保留了科学、严谨、系统化等优良传统，但重理论轻应用，重传授轻能力和缺乏素质培养的现象仍很严重，尤其是学生创新能力的培养和个性的发展，长期没有得到应有的重视和真正的落实。因此，我们要转变教育思想，更新教育观念，在教育过程中要注重对学生创新能力的培养，开发学生的潜力，让学生在受教育过程中享受到创新的乐趣，积极进取，把学生培养成为全面发展的人。其次，构建科学的课程体系，进行教学内容和课程体系创新，充分发挥以课堂教学为主体的导向作用。文化素质不能纯粹以自然的方式在现实生活中靠个体的感悟和体验来获得或提高，而是需要精心设计和安排，以科学而系统的课程体系为支撑，通过发挥课堂教学的主导作用，来实现大学生文化素质教育的目标。总的来说，要全面提高大学生的科学素质与人文素养，在具体教学过程中，应强调人文与科学的自然渗透与融合，必须包括文、史、哲、自然科学等各多学科门类的知识内容来构建多学科交叉的高校课程体系，为培养大学生科学素质和人文素养提供广博而深厚的文化底蕴。强调课程体系的科学性，使大学生通过各种必修课和选修课的学习和探索，形成合理的知识结构和深厚的知识基础。

提高大学生文化素质教育，学校必须提高教师队伍质量，使教师的科学素质和人文素质全面提高。蔡元培曾指出："大学为纯粹研究学问之机关，不可视为养成资格之所，亦不可视为贩卖知识之所。学者当有研究学问之兴趣，尤当养成学问家之人格。"推进高校师德师风建设。"师者，传道授业解惑也"，教育工作者是社会主义核心价值体系的宣传者和教育者，"身教重于言教"，教育工作者要发扬严于律己、以身作则、率先垂范的优良作风，自觉自愿地做到诚信、肯学、肯干，带头实践我们所提倡的道德标准、价值观念和理论要求，真正起到教育和带动广大学生的领头作用，只有这样，才能真正提高和发挥社会主义核心价值体系中教育工作的说服力、吸引力和感染力。

面对今天出现的一些师德滑坡现象，政协委员武汉大学教授张俐娜认为，拯救滑坡的师德，其实也是拯救祖国的未来。现在必须把道德标准作为迈进高校门槛的重要指标。教育部也必须建立严格的监管制度，谁道德滑坡谁就应该受到惩治，甚至被清除出教师队伍。除了外部监督，张俐娜更强调加强道德品质教育，她认为高校师德滑坡不是一个孤立的现象，和整个社会的道德状况有关，必须尽快重视提升整个民族道德水准的系统工程建设。

提高大学生文化素质教育，必须创新人才培养模式，把知识、能力和素质三者有机地结合起来，贯穿于大学教育的全过程，使大学生在这三个方面获得和谐的同步的提高，以期造就出高素质的全面发展的人才。要培养大学生拥有良好的文化素质修养，不仅是传授和灌输文化知识，而且要教给他们获取知识的方法和技能，在获取知识的同时，让能力得到充分的发挥，个人素质得到充分提高，这才是教育创新的最终目的，这才是教育的真正目的。蔡元培先生曾指出："教育是帮助被教育的人，给他能发展自己的能力，完成他的人格，于人类文化上尽一分子的责任；不是把被教育的人，造成一种特别器具，给抱有他种目的的人去应用的。"除此之外，还要全社会的积极配合，媒介充分发挥积极正面的舆论导向作用等等，只有这样，培养出的大学生才是全面发展的人，才会成为有益于社会有益于人类的有价值的新型知识人才，才能继续推动教育创新，才能推进整个社会的可持续发展。

七、实现人力资源强国战略

实施人力资源强国战略，关键在于建设高等教育强国。江泽民同志曾反复强调:"人才资源是第一资源。"人才优势是最大的优势,人才开发是经济社会发展的重要推动力,这一论断深刻地表明了人才资源在经济社会发展中的基础性、决定性、战略性作用。进入21世纪,我党站在创新开放和加速社会主义现代化建设的高度,提出了实施人力资源强国战略的重大举措。胡锦涛同志曾指出:"要推进人力资源能力建设,提高劳动者整体素质,使我国从人口大国转变到人力资源强国。"

高校的职责就是为建设高等教育强国提供强有力的人才保障和科技支撑。当前我国高等教育已经实现了跨越式的发展,成了一个高等教育大国,但是要想建设成为一个人力资源强国,必须以人为本,从创新教育观念、突出高校办学特色、深化高等教育教学创新和完善体制等方面全面推进高等教育创新,才能将我国从人口大国建设成为人力资源强国。

第三节 高等教育教学创新的策略

一、树立终身教育的教学理念

终身教育、终身学习的思想是近代以来各国教育界乃至思想界的热门研究课题之一,构建终身教育体系、创建学习型社会也逐渐成为联合国以及世界各国指导教育改革和社会发展的基本理念。终身教育论者认为教育具有时空的整体持续性。即教育与学习"时时都有,处处皆在"。传统教育往往将人的一生分割为三个时期,即学习期、工作期、退休期。终身教育则冲破传统教育的观念,认为教育应当包括人的发展的各个阶段及各个方面的教育活动,既包括纵向的一个人从胎教开始直至死亡各个不同发展阶段所受到的各级各类教育,也包括横向的从学校、家庭、社会等各个不同领域受到的教育。因此,要树立终身教育的教学理念,将各类教育形式有机结合,合理配置,创新高等教育的教学模式。高等教育肩负起发展终身教育的重任,依据社会的发展,职业的需求搞好高等教育、岗位培训、知识更新教育和继续教育,尽可能满足社会和经济发展对各种人才的要求。

我国高等教育要由封闭办学转为开放办学,一方面要大力发展远程教育和网络大学,采取"宽进严出"政策,向每一个人提供接受大学本、专科水平的高等教育。远程教育和网络大学由于不受时间和空间限制,更加适合各类在职人员的学习需要,必将部分取代传统高等教育的函授、夜大学和自学考试的多种助学方式,成为21世纪高等教育发展的新生长点。另一方面要充分利用高等学员是社会主义经济建设当班人这个得天独厚的优势,与企业、社会建立更为密切的关系,把学校办成教学、科研和经济建设的联合体,提高高等教育在市场经济条件下的办学效益和造血功能，使高等教育在自身发展壮大的同时，进一步提高为社会服务的功能。还要有强烈的国际意识，推进和发展高等教育的国际交流与合作，大胆吸收和借鉴世界高等教育的成功经验，使我国的高等教育建立起一个面向社会、放眼世界、兼收并蓄、博采众长的开放体系。

二、拓展德育教学的教学模式

从职业发展理论来讲，高等教育在德育教学上的缺失，将严重影响职场个体的职业发展精神和职业道德素养的培育。但是高等教育对象的特殊性，决定了学员的德育教学的艰巨性、复杂性，一般意义上的德育教学很难达到令人满意的效果，高等德育教学也成为高等教育中最为薄弱的环节。因此，创新基于职业发展理论的高等教育教学模式，应当积极拓展高等教育中的德育教学这一重要组件。

（一）拓展德育教学的内容结构

现代德育是以社会现代化、人的现代化为基础，以促进人的现代化为中心，进而促进社会的现代化的德育。现代德育必然要反映现代社会中人自身德行发展的要求；反映现代社会发展的要求。因此，围绕高等德育内容的构成上，应该更具广泛性、现实性。职业道德是衡量一个从业者道德水平高低的重要标尺，它影响和决定着人们劳动的态度和方向，成为决定劳动者素质水平的灵魂，在高等教育内容中居于核心地位。在现实社会生活中，人们对于国家政策法规的认识了解还尚未普及，甚至存在着无知和漠视，经常出现行为过失，市场经济条件下更应当强调法治意识，运用政策法规来规范社会秩序，维护正当权益，这已经成为高等德育教学的必修内容。另外，高等德育不是向受教育者灌输一些既有的道德知识、道德规范，而是要指导受教育者运用科学先进的价值理念学会判断、学会选择、学会创造。随着科技、经济、社会的发展，人们的生活方式、价值观，包括道德观念、道德准则不断变化，原有的某些道德观念、道德规范有可能过时，不可避免地需要提出一些新的道德准则和规范。例如在科学道德、信息道德、经济道德、网络道德、生态道德等领域特别需要具体的规范，在这些领域特别需要道德的创造。因此，这也应该是高等德育教学的重要内容。

（二）拓展德育教学的教学形式

拓展德育教学的教学形式必须充分利用现有教学资源和条件，选取在教学中已经成形的教学方法和模式，进行拓展延伸。一方面，应当充分运用课堂教学，实施德育教学。课堂教学是学员学习的主要形式。在课堂德育教学实施过程中，根据高等学习的特点，在教学计划和教学内容上，都要做特殊要求，教育内容应该根据市场经济的形势，适时调整德育目标。将以往的"完人道德""圣人道德"

调整为"高等道德"教育。教育过程中要坚持先进性和普遍性相统一的原则,立足市场经济的实际,提倡"为己利他"的道德建设目标,把"利己不损人"作为道德底线,并且把健全的人格塑造放在德育工作的首位。同时,注重发挥学员主观能动性,强化课堂师生双向互动,创造轻松、活泼的德育氛围,保证对学员实施有效的德育教育。可以聘请知名专家举办专题报告,作为特殊课堂形式,加强对学员的人生观、职业道德、现代教育教学和传统文化教育。总之,无论课堂内外,德育目标和德育重点应在学员健康人格的塑造上,使学生明白道德建设是人格修养不可或缺的一部分时,他们才能接受我们的教育。

另一方面,利用多媒体教学,强化德育教学效果。传统的授课方式无法满足现代高等教育德育教学的需要。因此,在德育教学过程中,要克服枯燥的德育灌输,代之以鲜活生动的实例来感染学生。通过学生自主的情感判断来塑造道德榜样,唤起对道德善行的崇敬之情,在纷繁复杂的社会现象中找到自己的道德归宿。注重现代教育技术的充分运用以及信息技术与学科资源的整合。充分利用电影、电视、教学录像等信息化、电子化、智能化的多媒体教学手段,借助于这些灵活多样、内涵丰富的声、光、图像等教学形式的直观冲击力,增强学员的兴趣,使学员的认识更加深刻,产生事半功倍的理想教学效果。此外,可以利用函授以及远程教学发挥网络教学的优势,拓展德育教学空间,克服高等教育教学时空上的局限性,整合课堂教学和多媒体教学的优势,充分发挥网络资源在教育教学中的作用:借助网络实施网络教学,可以将专家、学者的精彩专题报告、德育教学录像制作成教学辅导光盘在教学辅导网站上和有条件的教学点进行播放。这一生动、灵活、便捷的德育教学形式克服了高等教育时空上的制约,发挥了网络便捷、高效、涵盖广、辐射面大的优势,最大限度地拓展了德育教学空间,为广大学员提供了全天候德育教学服务。

(三)拓展德育教学的评价体系

基于高等教育的特殊性,高等学习者的德育考核评价有别于其他一般的考核,具有自身的特殊性。因此,凡是列入教学计划的内容,可以通过知识考试的手段进行考核评价;对于学员的思想观念的考察,可以通过日常管理中的操行鉴定来考核评价;对于学员的行为考核主要由学员工作单位出具考核鉴定报告和进行跟踪问卷调查。另外,为了充分调动广大高等学习者的积极性,鼓励他们在思想上、学习上积极进取,可以建立评优奖励制度,进行精神和物质奖励。对表现差的学员进行批评教育。通过长期的探索,以及多年以来高等教学的实践,制订一系列评判原则和标准,建立以职业发展为基础的高等教育德育教学全方位评价体系。使德育从禁锢人的头脑、抑制人的主动性和创造性的灌输性德育,转向开放性的、激发学员自主创造潜能的发展性德育。

（四）拓展德育教学的管理网络

高等教育的德育教学是一项复杂的系统工程，必须动员主办学校、学员家庭等全方位参与，才能实施有效的组织管理。主办学校根据国家的有关规定，结合高等教育的特点，制订德育教学计划，科学、规范、可行的评价考核标准以及考核措施，如班主任配备班级临时党、团支部进行活动安排等，负责德育教学的实施和知识考核。学员居住的社区和学员所在单位承担着对高等学习者的平时监督、检查的作用，负责平时的思想政治教育。高等学习者所在单位具体负责学员日常行为、思想观念等方面的鉴定意见。三个环节的协调一致，才能形成高等德育教学的组织管理网络。

三、确立多元化的教学模式

创新基于职业发展理论的高等教育教学模式，需要以高等教育学员的职业发展需求为导向来设计多元化的教学模式，创造一种超越时空限制的弹性化学习机制。确立多元化的高等教育教学模式，必须体现高等特点并以高等的生活、需要与问题为中心，突出能力培养与多种教学范式综合运用的教学活动与形式。新的教学模式应强调个体的思维能力和动手能力，而非仅仅学习基础知识；强调创新性解决问题的能力；强调培养学生面对快速变革的职业生涯和多元的价值取向所应具有的包容能力和理解能力。

在课程建设目标上，要更加强调综合能力和建立在个性自由发展基础上的创新能力，以克服与全球知识经济发展相悖的"知识本位"课程设置所导致的知、能脱节之顽症。在教育建设中注入科学精神和人文精神，以滋养和陶冶学员的性情，帮助其顺利走上职业发展道路。按照教学对象的细分，我们可以把多元化的教学模式分为学员为脱产生的教学模式、学员为业余生的教学模式、学员为函授生的教学模式。对于第一种即学员为脱产生的教学模式，其教学目标为：系统地掌握知识、方法和技能，综合素质全面提高；其教学内容为：基础理论＋专业理论＋专业技能；其教学方法与手段为：课堂教学法（主）＋实验实践教学法（主）＋网络教学法（辅）。

对于学员为业余生的教学模式，其教学目标为：较系统掌握知识要点，具备从事专业岗位的知识结构与知识适用能力；其教学内容为：基础理论＋专业理论＋理论运用；其教学方法与手段为：课堂教学法（主）＋网络教学法（辅）。对于学员为函授生的教学模式，其教学目标为：了解一定的理论知识要点与基本具备进一步的提高能力，基本具备知识要点使用能力；其教学内容为：基础理论＋

专业理论+理论适用；其教学方法与手段为：网络教学法（主）+课堂教学法（辅）。在具体的实践中，确立多元化的教学目标应注意以下几点：首先，确立多元化的教学模式应突出学员的能力培养。函授生、业余生来源于生产、服务、管理第一线，具有较强实践工作经验，但理论知识相对较缺乏，因此需要通过专业知识的学习与深化，强化理论知识与实践的结合，培养专业技术知识的综合运用能力，而脱产生的学习目的是适应市场变化新形势，通过学习找到较满意的工作。因此，高等教育教学模式必须体现以高等需要为中心的"突出能力培养"的目标。其次，应提倡跨时空的教学形式。高等教育学生的工学矛盾突出，文化基础差异较大，这为教学组织和教学质量的提高增加了困难。而以网络为基础的教学手段则有效地解决了以上问题，一方面，网络教育不受时空限制，从而为成教学生提供了跨时空的学习环境；另一方面，网络教育作为一种教学补充，有利于基础较差者的知识补充。因此，多元教学模式必须具备"虚拟学习环境与学习社区"功能。最后，确立多元化的教学模式，应转变教育观念，改革和创新教学方法，采用适合于高等心理特点和社会、技术、生活发展需要的教学方法。比如，大胆地继承和发展课堂教学法，特别是20世纪80年代以来创造和发展起来的许多成套的综合启发式教学法；深层次地挖掘实验法、演示法、讲授法、讨论法、发现法、演练法、问题法、案例法等基本教学方法的优化组合对优化教学过程的巨大潜力。这些课堂教学法能够克服封闭式的、注入式的、僵硬的教学法的弊端。它能做到教育为主导、学为主体和因材施教，可以激发学生独立思考和创新的意识，培养学生积极探索、勇于实践的学习能力。

四、引入校企合作的教学模式

在高等教育过程中，由于高等学员身份的特殊性，他们往往要兼顾学习和工作的双重压力，难以在两者之间恰当地分配时间、精力，形成较难解决的工学矛盾。另一方面，就职业发展理论而言，高等教育教学模式必须考虑到学员的职业发展需求是以学习专业理论和专业技能为主。为了找到学习和工作之间的平衡点，并提高成教学员的实践动手能力，有必要引入校企合作的双元制教学模式，以夯实学员的职业发展道路。

（一）建立校企联动机制

合作的前提是信任和需求，关键是寻求联动的结合点，否则难以形成合力。从前面的分析中我们已经清楚地意识到，校政企三方都有实施教育的愿望和条件，这就给创建"学校主办、企业和政府协办或督办"的共同办学联动机制铺平了道路，也为实施校政企合作人才培养模式扫清了障碍。对于学校、政府、企业而言，

"发展"是大家关注的焦点。因此，校政企联动的逻辑起点应该是"发展"。学校发展主要体现在人才培养上，政府（社会）、企业发展需要人才，"人才"就成为双方或多方联动的结合点。要让学校、政府、企业围绕人才培养走到一起，必须建立有效的联动机制，包括管理制度和运行模式。必须建立以现代信息技术为依托的网络交流平台以及信息员联络制度和信息发布制度，畅通对外宣传和信息沟通渠道。

（二）规范校企管理模式

双方或多方合作，必须以合同或协议的形式建立一种有约束力的办学关系，明确双方责任与义务，从而确保合作的有效性和规范性。同时，必须充分尊重高等教育规律和高等学员特点以及政府、企业的实际需要，建立以主办学校为主、政府和企业参与的教学管理制度，共同商议、决定重大事宜，合理安排各教学环节，确保教学质量，达到规范性与灵活性的完美结合。在办学实践中，我们实行的是项目管理，即由学校高等教育主管部门和企业、政府负责人组成项目管理组，共同研究制定培养计划、管理制度并组织实施。在具体的教学实施过程中，校政企各方紧密合作，及时掌握教、学情况，有力地保证了人才培养质量。

（三）合理设置培养目标与教学计划

高等教育培养适应生产、建设、管理、服务第一线需要的德才兼备的应用型高级专门人才。要实现这个培养目标，关键是要制定一个以较高层次的技术应用能力为主线的培养方案，构建科学、合理的课程体系，确定学以致用的教学内容以及与学员的职业发展、从业岗位密切相关的实践教学环节。因此，必须彻底改变过多地沿袭普通高等教育的人才培养模式，建立"学历+技能"的学科课程与技能培训相结合的课程体系。学员来自各行各业生产、管理、服务一线，有的还是管理和技术岗位骨干，对职业、技术及其所需知识有着深刻的认识；学员所在单位和部门也希望自己的员工能学有所获、学有所成、学以致用。因此，我们在制定教学计划时，应该充分利用学员及其所在单位这一宝贵资源，让学员和社会各界充分参与到教学计划制定和课程设置中来，使我们的教学计划、教学内容更具针对性和实用性。实践证明，高等教育校政企合作人才培养模式是一种多方"共赢"的人才培养模式，也是高等教育事业可持续发展非常有效的一种模式，随着科技、经济、社会的持续快速发展它必将拥有一个美好的前景。

但是校政企合作之路还在探索之中，许多深层次问题还需我们在实践中不断地探索。如合作模型与运行机制问题、学历教育与技能培训关系问题、学员考核与评价问题等等。我们必须在实践中改革创新，拓宽运作思路，主动走出校门，将高等教育真正办成面向社会的开放式教育，为社会各界、企事业单位提供更好的教育服务。

五、以学员为教学中心

职业发展理论的核心是职场个体的职业生涯发展，说到底是以人为中心的考量点。因此，基于职业发展理论的高等教育教学模式的创新也应当坚持以人为中心的价值取向。"大学之道，在明德，在亲民，在止于至善。""亲民"和"至善"从主客观方面都体现了人本思想。坚持以人为本，树立全面、协调、可持续发展，体现在高等教育教学中主要是坚持以学生为中心，以人的教育为出发点，以人的教育为归属。这就意味着高等教育的教学评价必须着眼于人的发展，着眼于社会对人的多元化的需求，而不能局限于知识的考核。基于职业发展理论的高等教育教学模式中，要体现以学生为本思想，就必须要尊重学生的评价权，尊重学生对教学过程的选择权，缺乏这两者，就无法做到以学员为本。传统教学领域中占支配地位的认识论观念，不论是行为主义还是认知主义，都属于客观主义范畴。受客观主义认识论支配的教学必然具有控制性质。教学就成了传递固定的、程式化的"客观"知识的过程。高等教育学生在接受教育时，它是不需要被动接受一些本对它没有用的知识，而是需要搜索对自己有价值的知识。他们需要的是一种自我的选择知识和构建知识的权利。因此，创新基于职业发展理论的高等教育教学模式应当坚持以学员为教学中心的价值取向。基于职业发展理论的高等教育教学模式应以学员的实践动手能力为基本的评判标准。众所周知，高等教育与普通高等教育同属高等教育的范畴，它们有共性，但毕竟是两种不同的教育形式，有着它们自身独特的个性。但时至今日，仍有相当多的人以普通高等教育的观念、普通高等教育的模式、普通高等教育的标准来套用、衡量高等教育，力主在质量与规格上应与普通高等教育"同类""同质""同轨"。这在学生的就业与求职中表现得最为明显。用人单位在招聘人员时，对高等教育学生另眼看待不说，录用也是采用统一标准（这也有我国用人体系不健全的因素，包括现行职称评聘考核），从根本上有意忽视了高等教育培养人才侧重点的不同。

第四节　创新教育教学管理的评价

推进和深化高等教育教学模式创新实践的一个重要命题是如何开展教学方法评价。教学方法评价的缺失或不当，是教学方法创新实践成功的先决条件。因此，建立适合高等教育教学内容、教育对象、教学发展特点的教学方法评价机制，有利于推进教学方法创新实践活动。

教学方法常态评价的目的不在于推选出一种或几种最优教学方法，而在于促进教学方法的多元化和有效性，使学生感受得到积极健康的满足，从而激发学习兴趣，增强学习动力，提高教学活动的整体水平和质量。"最优"教学方法是不存在的，所有有效的教学方法几乎都是组合性和适切性的产物。因此，常态评价的标准不是组织设计性的，而是一种常模状态下的灵活评价标准：符合基本教学方法要素、适应不同教学内容和教学对象，教师和学生的感受趋于一致。当然，由于教学方法最后是以"感受"为评判基础的，"新奇性"创新标准经常容易被教师误用为"取宠术"，满堂取悦于学生的奇闻轶事，这是在实施常态评价时应引起关注的。同时，教学方法常态评价过程必须是动态的，不能以一两次评价代替某位教师的某门课程教学方法状况。

高等教育教学方法创新评价是在教学方法常态评价基础上，用来引导和规范教学方法创新活动的手段之一，评价结果反映教学活动中教师所采用的教学方法的科学性、合理性及有效性。进行创新评价或者评价某个教学活动中的教学方法是否具有创新性，至少应该符合以下四项原则之一。

一、批判性原则

与常态评价不同，考量一位教师的教学方法是否具有创新性，首要的判据不是稳妥、正确，而是方法中的批判性成分，包括该方法对教学内容的常理的、现行结果等是否具有反思维或质疑，对学生的问题意识、探究情怀是否有暗示作用。现行教学方法中的知识讲授、灌输等方法之所以一直被诟病，就在于它忽略了这些知识产生时的无限批判进程，使知识显得苍白，不能培养学生的问题意识和探究兴趣。在评判原则之下，可以有非常多的具体方法，只要它们具备批判属性，都属于教学方法创新范畴。

二、挫折性原则

无论是抽象的观念还是具体的方法，但凡具有"新"的本质属性，或多或少存在不被立即接纳和认同的境遇，人类社会在漫长的进化史中，有一个共同的经验就是对于"新"既怀有期盼，又保持着戒备。一种新的教学方法被创设或引进到一个教学情境中，必然会有一定风险、会遇到各种阻力乃至反对，一片欢呼、推行顺畅的新方法十分罕见。教师对于风险的评估以及是否决定推行是为内阻力，而遭遇风险是为外阻力。无论是内阻力还是外阻力，都是任何新方法所必须面临的挫折。同时，这种方法本身在实施过程中还含有"挫折"意蕴，比如项目教学法就使学生在参与实施新方法的过程中体悟探究和推演的复杂性和艰难，在挫折中寻求成功，进而体会新方法的意义和愉悦感。这种方法也是对高等教育学生进行学术品格培育的有效途径之一。

三、丰富性原则

有效的教学方法很少是单一性的，通常是多方法的组合运用。评判一次教学活动或者一位教师一贯的教学方法是否具有创新性，应该考察其方法使用的丰富程度。人类在漫长的教育教学历程中，创造了无数的教学方法，其中每一种方法都没有好坏、正误之分，关键是是否适合这种方法的对象与教学内容、教学情境。教学是种非线性规律活动，每一种教学方法都有其产生的特殊原因，而人类相同原因出现的概率非常少，因此，某一种方法只能在其起源相似条件下才能发挥作用，更多情况下是各种方法的融合与杂交。具有创新性的教学方法必须具有丰富性特点，单一的方法在现今条件下即使具有创新性，也一定非常微观，解决不了常规教学层面的问题。

四、关联性原则

高等教育教学方法的实现途径随着技术进步发生着快速而深刻的变化，多途径实现教学目的成为现代高等教育教学方法创新的革命性特征，与传统的讲授法、灌输法相比，现代技术带来的教学方法创新突出了技术性优势，从"粉笔加黑板"进化到幻灯、进化到多媒体、进化到网络课堂，有效地提高了教学效率、为交互式教学提供了时空与技术保障，师生教学灵感也能及时得到捕捉和储存等等。但这只是教学方法创新关联性的一个方面，即方法与手段的关联。级联递增式的关联性一定程度否定教学方法的技术元素，完全依赖现代教学技术推进教学方法创新也不妥当，因为人类的教学活动从产生到现在，从来就不是技术的奴隶。尽管现代网络课堂或课程在逐步兴起，这可能从感觉上给世界各地高等教育教学方法掀起一次话题讨论，但通过网络传播"最优"教学方法的可能为期尚远，更多是学校的一种魅力与形象的展示。因此，关联性创新原则要求教学方法不能在技术面前无所作为，也不能搞"唯技术论"，还必须回归教学活动中"教"与"学"的本位开展创新，人是社会生活中最活跃的因素，离开先进技术设备条件依然可以开展教学方法创新活动，比如很多大师成长经验或教学经验中的"点化法"，就屡试不爽，成就了不少人才。对教学方法及其创新性的评价，主体必须是多元的，任何单方面的结论都不足信，尤其是从教学管理角度开展的教学方法及其创新性评价更是有违教学方法的本质要求。高等教育教学方法创新属于学术文化范畴，对于教学方法的评价不属于高等教育的行政管理而是学术管理。学术性评价的主体应该是多重多元的，只有这样才能靠近教学方法以及教学方法创新性的本质。否则，就是对教学方法的机械性误导，极大地扼杀教学方法运用的灵活性和教学方法创新的积极性。

教学方法创新评价主体，首先是教学活动直接参与者的教师和学生这个二元主体。而且学生这一方面的情况还是动态变化的，即某位教师的某一门课程的教学对于某一年级的学生一般只有唯一的一次，待教师进行重复教学时，学生已经全然改变。因此，教师的教学方法创新为什么滞后，关键就在于学生对某门课程的学习以及对教师教学方法的"感受"是唯一不可重复的，即使有一些中肯的建议，但检验这些建议是否被采用的，则是下一届学生。所以，对教师教学方法创新评价主体中学生的界定，必须是持续几个年级学生。或者，对于通用性强的公共课程、专业平台课程等，要把学生全部纳入评价主体的范围，但这对大量专业性课程不适用。教学方法创新评价主体的另一方面，应该是教学团队成员。无论这个团队是否形成建制，或者规模大小、关联强弱不一，但通过这个团队，可以从"方法适应内容"角度准确界定教师教学方法使用及创新情况。至于很多高等教育已经组建并运行的"教学视导"机构的人员，是教学方法创新的评价主体之一，但由于学科专业的巨大差异，他们只能从通用性方法，即符合教学一般规律性的方法入手加以评价，不能代替教学团队的评价。教学管理部门参与教学方法创新评价是间接的，只能从程序设计、持续推进、结果反馈和分析等方面着手工作。[①]

[①] 代静.高等教育管理与教学研究[M].西安：西安交通大学出版社，2017.

第五章 创新思维教育教学管理的变革与创新

高等教育的大众化和由此扩大的教学规模,促使我国大学的教学数量与质量之间的矛盾逐渐显现出来。对高校教育教学管理来说,高等教育改革市场化的取向对其有着内外平衡的要求。高等教育的未来发展呈现出国际化的发展趋势,使得各大高校都面临来自国外高等教育机构的挑战。因此,我国必须创新高校教学管理模式,完善教学管理机制,从而促使高校快速发展,提高国际竞争力。

第一节 教育教学管理的机制

一、高校教育教学管理机制的内涵

高校教学管理系统包括教学管理决策者、教学者、学习者、教学评价员、教学主管等。除教学体系外,还有科研体系、后勤系统、人事管理系统、学生工作体系、成人教育体系等。所有这些体系和教学体系内的各种因素构成了极其复杂的动态关系。然而,为了实现高校内各要素的和谐统一与动态系统间的统一,就必须建立有效的教学管理机制。准确认识高校教学管理机制的内涵是教学管理机制建立的基本出发点,同时也是建立教学管理机制的现实前提。

(一)机制

要了解高校教育教学管理机制的内涵,首先必须了解"机制"的内涵。但是,由于"机制"的概念本身是抽象的,而且不同的管理理念的理论基础不同,所以人们对"机制"的理解也不同。为了理解这个概念,我们可以从一个普遍的角度出发。机制与竞争密切相关,没有竞争,机制也可能就变得并不那么重要了。竞争可能引起的人与人之间的冲突需要通过各种有形或无形的手段置于一定的要求之下。所有人类事务的集体性质能够决定某种自发机制的存在。任何社会活动都有一定的机制。机制起着指导和限制的作用。在教育领域全面实施市场化教育改革后，社会将对个体和集体教育行为提出相应的要求。因为市场在某种程度上意味着行动自由。但是，任何社会都需要限制个人和集体的行动自由，以确保实现公共利益。重要的问题之一是如何在竞争中有序地进行竞争并增加规模，同时使最终结果大大优于每个个人单独活动的结果。人们对机制的理解可以分为以下几种。

1.机制即制度

在人们对机制所做出的解释中，机制似乎总与制度联系在一起。从此意义上来说，制度运行以及同制度运行有关的组织系统内部的关系就是机制的含义所在。因此，要理解机制，首先必须理解制度。关于制度，人们通常认为是指在一个社会组织或团体中要求其成员共同遵守并按一定程序办事的规程。由此可知，制度涉及两个方面的内容：一是人们生活于其中，既要保证个体利益又不妨碍他人利益的基本规范；二是关于制度的制度，即在制度确定之前，必须要考虑一个为人们所共同遵守的制度应当如何被制定出来，也就是议事的规程或办事的程序。与制度相关的概念，就是"制度建设"，也就是通过组织行为完善原有规程或建立新规程，以便获得更好的效益。

2.机制即博弈规则

从博弈论的角度看，其实就可以将机制理解为社会的博弈规则，它是人类设计的，能够制约人们相互行为的约束条件。生活在社会里的每一个人的行为，都不是单纯的个人行为，而总会受他人影响或会影响到他人的存在、他人的行动。因此，每个人的行为都是相互行为。为此，社会组织的建构就必须考虑对人们的相互行为加以约束。例如，当若干人聚集在一起分蛋糕时，就必须考虑建立起能够切分蛋糕的机制，以使切分公平，同时又使得这些人集合在一起而建立起社会组织。没有这样一个有效的切分机制，那么，不仅会使个人利益受损，而且将使得建立社会组织成为不可能。有效的机制就是"分切蛋糕者后取"。当然这里面牵涉到一个对人性的基本判断的问题。

这些约束条件可以是非正式的，也可以是有意识设计或规定的正式约束。而博弈规则就是让参与的人采取行动，以及由参与人决定每个行动组合需要对应何种物质结果。所以从博弈论出发，还能从其他方面定义机制，即通过为组织安排某种制度，而约束或激发组织内部个体、群体行为的一种活动。由此可以得出结论，制度安排就是机制的核心，目的则是约束和激发组织内部中个体或群体的行为。

3.机制相互作用的形式、运动原理

任何社会系统，都无时无刻不在运行着。在这一过程之中，需要注意两个问题：第一个就是系统运行的动力在哪里，也就是说系统为什么能像有机系统一样充满活力并不断地朝向某个神秘的目标前进；第二个就是系统前进的顺序是什么。关于这些，事实经验表示，系统的运动变化其实是有一定规律的。而按系统论观点来说，系统运行时的程序与动力，最终都要归结于内在子系统的机制，一种一经启动就可以自发不停地开始生生不息地运动的平衡关系。所以从管理学角度看，机制指的就是在管理系统内，各个要素与子系统之间相互联系、作用与制约的形式、运动原理与内在本质的工作方式。

结合上述机制的制度观和机制的博弈论观点，可把机制当成社会为了对个体、群体进行约束和激发，从而设计出的制度安排。而在这一定义之中，机制的主要功能有两个。第一个是对个体或群体进行激发，从而促使某种行为发生。而这种被激发出来的行为，正是组织所期望的行为。组织借助这些行为能够有效地实现组织目标。第二个是抑制个体或群体的某些行为的发生。这些被约束的行为是组织系统所不期望的行为，且它们的发生将对组织目标的实现产生严重的阻碍作用。同时，上述定义中所提到的制度是具有人为设计出来的正式规则的意义的。因为就人类的约束机制而言，大量的规则，即那些对人的行为有着重要的影响的习惯、道德、风俗等，乃是自发形成的；而人类设计出来的制度，只是人类的各种规则中的一小部分。

（二）教学管理机制

鉴于对"机制"的理解，从抽象的意义上讲，我们可以将教学管理机制理解成教学系统在操作过程中，其各组成要素间的相互联系和相互作用。这也是对教学运行过程属性的抽象概括。即使教学管理系统与很多要素有关，如时间、空间、人、财、物等，而且教学管理学所要研究的对象就是要素间的各种关系，但对于机制设计来说，人才是最关键的要素。所以，教学管理机制从本质上必须考虑人与人之间的关系。从个人或群体的意义上讲，人类双方的关系问题，即人与人之间的关系，人与团体，或团体和团体间的关系，才是管理者应主要考虑的。

在具体意义上，我们可将教学管理机制理解为，为了对教学组织系统内部中个体、群体的行为进行约束与激发所设计的制度安排，即教学组织系统。而其中，教师、教学管理者、学生、高校内部与教学有关的其他人员都属于教学组织系统内部的个体，重点是教师和教学管理者；其群体则是上述个体的类的集合，如作为群体的教师、作为群体的学生、作为群体的管理者，等等。

组织系统内部各成员之间的行为是相互影响的，单纯地看，一个制度安排也许是好的；但是由于它必然要牵涉到组织系统内部的其他成员，因而一个看起来好的制度安排实际运行后得到的可能是一个坏的结果。

二、教学管理机制的核心问题

从教学管理机制内涵方面来说,有两个核心问题。一是能够促使诸多行为发生的问题,即激发行为问题。从教师教学角度出发,教师要准备课程,翻阅各种类型的相关材料,对教学过程进行详细的设计,并且实施实验教学与课堂教学,指导学生的毕业设计与论文,以及为学生组织一些课外活动和社会实践等。这样一来,除了能够进一步提升学生的能力素质,还有利于教师的发展与科学、学术研究。所以教学管理为了促使以上行为发生,就可以通过机制设计来达到,这不是短期的,而是连续的。二是抑制某些对大学生提升素质和发展能力没有促进作用的行为发生的问题,即约束行为问题。

但实际上,不管是激发还是约束教学行为,学校在建立教学管理机制时都应当将分析教学行为作为前提条件。所以,学校在建立有效教学管理机制时,应先评定教学质量,且鉴别与之相互作用的教学行为,还有各行为之间的关系、这些行为同高校内部其他方面的行为等之间的关系;此外,还需要考察激发或约束的行为与高校教学管理系统外部环境之间的关系。

这种鉴别对于教学管理机制的建立仍具有方法论上的意义。没有这种对教学行为及与其他行为之关系的鉴别,那么,一切有关教学管理机制建立的构想都是虚空的。

需要特别强调的是,教学管理机制的设计不仅仅是激发或约束教师的行为的问题,同时也是一个激发或约束教学管理者的行为的问题。

第二节　教育教学的常规管理

一、教学秩序与教学常规管理

通过使教学工作程序化、制度化与规范化,保证教学工作在不出差错且确保质量的情况下顺利进行,直到最终完成任务,就是学校教学管理工作最基本的内容之一。

教学是对学生进行教育的根本渠道,同时也是有组织和有计划的教师教、学生学的过程。教学常规管理历来是学校管理的重要内容,也是学校领导者的基本活动。教学的常规管理除了是学校确保正常运行教学工作的基础,还在促进教育改革和教师成长等很多方面均发挥着十分重要的作用。学校的教学管理工作是否能和谐顺利地进行的关键在于能否建立起正常的教学秩序。建立正常的教学秩序,是教学工作得以正常进行的保证，是提高教学质量的重要条件。

（一）教学秩序的含义

稳定、充满活力且协调的教学秩序就能被称得上是一个良好的教学秩序。教师创造条件为学生传授人类已经探究过的科学真理的过程就是教学，同时也是教师对学生加以引导，从而使其将知识向能力转化的特殊过程。该过程与各年级学生的年龄特征、各年级的教材编排和课程设置等有关，也与教学任务、教学目的、教学方法和教学内容等各层次要求有关。学校管理者首先要考虑的，就是怎样使教学过程产生更好的教学效果，并建立稳定、协调且有活力的教学秩序。同时，这也是学校管理者必须要做的工作。

稳定的教学秩序就是学校在一定的时期，按一定的标准，招收一定数量和质量的学生，开设一定数量的课程，使用一定质量的教材，使学生经过一定年限的学习，达到一定的成绩标准毕业离校。这是一个年复一年、周而复始地运转的过程。学校应当时刻按照教学规律办事。这样才能使教学过程正常地运转下去。学校应当根据自身特点，制定各种规章制度，使教学工作有章可循，照章办事，所有员工各司其职，互相支持和配合。

协调的教学秩序就是上述各种因素既有各自的客观标准，互相之间又有相互制约的关系。课程的多少、教材的深浅繁简与学习年限的长短、入学程度的高低、教师教学能力的强弱，都应该相互协调吻合。如有一处脱节，就会引起紊乱，教学中的各种正常比例关系就会失调。

有活力的教学秩序要求改进课堂教学方法，让以学生为主体的课堂代替以教师为主体的讲堂，同时也要将这两者有机结合起来，使课堂教学与课外活动互相补充、互相推进，以扩大学生的科学知识视野，发展能力，增长才干，丰富精神生活和增强体质。这种师生与课内外的有机结合，能够陶冶学生的情操和开拓他们的思维，使其形成爱科学、学科学、用科学的直接兴趣，从而生动活泼、主动地学习。

稳定、协调、有活力的教学秩序，有助于教师顺利完成各项教学任务。学生的德、智、体、美全面发展是学校教育的根本教育目标。保证学生在德、智、体、美等方面都得到发展，是学校管理工作的全局目标。教学计划是学校管理工作这个全局的一个主要组成部分。而教学计划对于个别学科来说，又是一个全局。恰当地处理好这两个全局和它们内部的关系，是建立稳定、协调、有活力的教学秩序的关键。学校除了教学工作，还有团、队、政治课教师和班主任系统的思想教育工作，以体育教师和校医为主体的体育卫生保健工作、行政管理以及总务等工作。学校的各项工作都要围绕教学这个中心。学校应制定相应的工作制度，为建立正常稳定的教学秩序而创造良好的条件。

(二) 教学秩序的意义

1. 是全面提升教学质量的保证

衡量教学质量的高低不仅要看智育任务完成的情况，而且要看德育、体育、美育等任务完成的情况。智育任务不仅强调基础知识和基本技能的教学，还要求通过课堂教学和课外活动发展学生的能力。真正高质量的教学，必须做到上述几个方面的有机结合，统筹兼顾。而要保证学生德、智、体、美诸方面全面和谐的发展，就必须建立正常稳定的教学秩序。只有这样才能把学生从过重的课业负担和频繁考试的束缚中解放出来，让他们学得开心，让他们在掌握知识的同时，提高其实践能力、自学能力和创造能力，让他们在长知识的同时，长身体、长才干，并形成高尚的道德品质和良好的行为习惯。

2. 有助于防止教学管理混乱现象出现

近年来，涌现出一批坚持全面育人、减轻学生过重的课业负担、提高教学质量的先进学校。这些学校能够端正教育思想、加强科学管理、提高教师素质、改革课堂教学，建立了正常稳定的教学秩序，取得了十分可喜的成绩。但是仍有相当数量的学校任意改变教学计划，随意增减课时，频繁考试，布置过多的作业，让学生在校时间过长。有些教师甚至扶优逐劣，歧视后进学生，教学秩序比较混乱。所以，教学常规管理的首要任务就是要坚决防止这种混乱现象出现，努力建立正常稳定的教学秩序。

二、教学常规管理的内容和实务

(一) 常规性的教务工作内容

1. 学期初的常规性工作

学校在开学前后的工作重点就是保证班级的照常开始且尽可能快地回归正常教学轨道。一般来说，常规性工作是学期初最常做的。所以教务工作的首要任务就是前期的招生，编班，安排好课程表、作息时间，做好其他活动的表格等。这也可以说是为了学校能正常运转下去而制作出总运行图与调度表，反映了教学秩序，且充分体现出了教育教学的思想。

在学生基本办理完入学报到的各种手续的下一步，就是组织师生上好"第一课"。教师需要在第一堂课就给学生留下一个深刻且良好的印象，以便顺利进行之后的教学活动，达到让学生认识教师并相信教师的效果。一个良好的开端就意味着已经成功了一半。所以，教务管理人员一定要看准时机，适当、合理地对师生工作学习等积极性进行调动，努力把师生的兴奋中心转移到教学中，或者督促他们把重点放在教与学上。

2.学期中的常规性工作

在开学之后到期中考试前夕，教务处工作的重点是多且复杂的，比如，制订并落实各科的教学计划和学生的活动计划、对全校学生名册进行编辑、时刻检查教学进度、将相关的规章制度修订好、组织教师会议并积极听取教师意见、查看教学成果、组织期中复习、考试等，达到教学过程中的第一个高潮。在该阶段中，各科教师还要在教务处的协助之下，开展课外学科的小组活动，对"课外教学"的活动计划进行落实。

而教务处在期中考试之后的工作重点，就是做好期中考试总结，在评估检查教学工作方面积极地配合校长。并且基于此，教务处还要学会分析重点学科的教学质量，从而有针对性地提出相关改进措施，与此同时，还要仔细检查教务工作本身有没有问题，在安排期末结束工作时也要尽量细致，从而达到教学过程的第二个高潮；预定下学期的课本，做好物质准备；同时还可以面向全校组织教学观摩与教研活动。学期中的工作一般都属于常规性工作范畴，只要按照教学计划的日程安排按部就班地做，是能够收到实效的。

3.学期末的常规性工作

在学期末时，教务处工作的重点开始有所转向，即组织好期末考试，做好评分，同时为之后分析全校教学质量以及判定学生该留级还是升级提供充分的数据和素材，还要组织班主任填写学生以往的成绩与操行评定表；记录好各年级与各班学生的出勤率，并且公布；对期末之前的工作进行总结，收集好曾经评选出来的"三好学生"和"优秀教师"的材料；查看学生手册，做好期末的结束工作，并印发毕业证书与通知书等；同时还要组织指导教师做好学期结束的各项工作，包括教师自身的教学总结、教研组工作总结，做好教务处自身工作的考核与评比，安排好假期工作，制订好下学期教学工作计划，下学期工作的总体安排；等等。学期末的这些工作是整个学校教学工作过程中的一环或一节，既承上又启下。因此，教务处一定要把这些工作做好，不能重开端而轻结尾，不能因为是学期结束了，存有马虎、潦草收场的心思，以致耽误工作。

（二）常规性的教务工作管理

1.教务计划管理

（1）教务处教学工作计划

学校要在整体工作计划的指导下研制出教务处的教学工作计划。学校总体的教学工作计划，对整体工作计划来说是非常主要的组成部分之一，并且应当由校长来亲自主持编制该计划，而辅助制订者则由教导主任担任。

教务处的教学计划的内容主要包括以下几个方面：制订并实施改进教学工作的措施；增强师资队伍的建设力量的措施；开展教学研究、促进教学改革的措施；完善管理制度、稳定教学秩序的措施；提高学生学习积极性的措施；加强实验室建设的措施；等等。

（2）教师教学工作计划

学校教学工作计划管理的基础性工作之一，就是指导教师制订好教师的教学工作计划。因为学校教学工作计划管理要落实于教师教学工作计划中，所以，教务管理者必须重视这项工作。教师的教学工作计划主要包括以下几方面内容：分析上一学期学生学习本科课程的一些情况，包括基本技能、知识、学习态度和方法、能力发展水平等方面；分析本学期课程的教材内容，包括基础知识与基本技能方面；分析教材体系的结构以及教材和教材间的关系；本学期提升教学质量和改进教学方法的措施；教学进度安排；等等。

教务处除了要负责学校教学工作计划的制订与实施，还应当指导学生制订自己的学习计划，使学生的学习有计划、有目标地进行。

2.教务组织管理

在制订好学校教学计划以后，教务处就要担负起教务组织管理工作，诸如排课、调课、代课和补课，检查教学进度，检查教学质量，听取教师的意见和建议，召开教师会议，组织班主任填写学生的平时成绩和操行评定通知书，组织教师或学生进行教学或学习经验交流，详细记录与公布各年级与各班学生的缺勤情况，收集好"三好学生"和"优秀教师"材料。教务常规工作的基本职能即组织实施，而常规管理的基本职能则是组织管理。一般来说，学校对教务组织管理都是非常重视的，尤其重视教务组织工作里的统计管理。

加强教务统计管理，可以使学校时刻掌握发展动态与基本情况，从而在遇到问题时能及时地采取有效措施。学生的考勤统计、基本情况统计、学习负担情况统计、各科成绩的统计以及完成教学计划的统计等都属于教务统计的范畴。而统计报表则包括了学生概貌报表，其中有全校学生人数、男女生分别的人数、户籍、来源、民族、党团员人数等内容；教职工概貌报表，其中有教职工总人数、男女教师总人数、每个专业的人数、教师文化程度、年龄、退休教师人数等内容；学生的迟到、旷课、早退人数报表；学生考试成绩统计报表；教师出勤情况报表等。

三、课程改革与教学方法管理

（一）根据教学方法的多样性进行管理

教育学教科书一般会介绍八九种教学法。但教师在教学实践中所使用的教学法的数量不是固定的。所以，在教学过程中，不是单一的教学方法对教学起作用的，而是由多种教学方法构成的教学方法群对教学发挥作用的。除了一般的教学法，各学科教学都有各自的教学法，如数学教学法、语文教学法等。某一门学科的教学法又可分出许许多多的教学方法，如外语教学法中的听、说、读、写教学法。即便是阅读教学，还可以分出精读、泛读、快速阅读等方法。总之，各门学科都有着大量的教学方法。

教学方法的多样性受多种因素的制约，如教学任务、教学内容、教师特点、学生特点、教学条件。教学方法的多样性要求学校领导者在进行教学方法的管理时，首先，要求教师学习和掌握多种多样的教学方法；其次，要指导教师根据实际教学的需要，运用多种方法进行教学；最后，还要热情支持和鼓励教师进行教学改革和实验，创造新的教学方法。当然，教师对教学方法的使用应持慎重的态度。教师要对各种教学方法进行认真分析和筛选，结合教学实际加以利用，绝不能孤立地、单独地运用某一教学方法进行教学。

（二）根据教学方法运用的综合性进行管理

在一节课上，教师不可能只采取一种教学方法就能达到教学目的，因此就需要将多种教学方法结合起来，再综合运用。比如，教师在上物理课时，一般为了证明力学原理会用到演示法。但实际上，教师往往会首先进行复习检查，向学生提问并对上一节课的内容进行指导；再次，在教授新课时，教师又往往以提问为主，让学生产生疑问，再演示相关教具，且在演示过程中引导并启发学生进行观察与思考；最后，基于教师的提问与学生的回答情况，简单并抓住主干问题讲清楚力学的原理究竟是什么，让学生记好笔记，并布置作业练习。在这一系列的活动中，教师运用了多种教学方法，有检查复习法、演示法、指导观察法、讲解法等。

教学方法的运用之所以具有综合性，有以下几个原因。一是因为教学内容是复杂的。尽管每节课的主题可能是一个，但围绕一个主题还有多个具体的问题，所以，教师应根据教学内容采取多种教学方法。二是学生的学习是一个过程，所以，教师在不同的阶段应采取不同的教学方法。三是某一种教学方法对某一节的某部分教学内容起作用，但不会对所有的教学内容都起作用。因此，在教学过程中，教师应将各种教学方法结合起来。

根据教学方法运用的综合性特点，管理者在管理过程中要指导教师综合运用各种教学方法，将各种教学方法有机结合起来，既可以以"一法为主，多法相助"，也可以"多法并用，相互补充"。如果教师一节课只用一种方法，就易使学生倦于听课，达不到期望的教学效果。

（三）根据教学方法的艺术性进行管理

对于教学法，教师要认识到"教学有法，教无定法"的特点，正确处理"有法"和"无法"的关系。"教学有法"是指在任何一种教学活动中，教师都要运用一定的教学方法。"教无定法"是指教师在教学过程中不能固守某种教学方法，不能将教学方法公式化，而应根据教学的需要灵活运用。"教学有法"讲的是教学方法的科学性，"教无定法"讲的是教学方法的艺术性。所以，教师在教学过程中，既要注意教学方法的科学性，又要讲究教学方法的艺术性。

教学方法的艺术性是指教师在使用教学方法时，不能按照固定的程序使用，要根据条件和需要，善于将教学方法创造性地运用于教学实践中。教学方法如何使用，什么时候使用，主要取决于教学的实际情况。

教学活动是师生的双边活动，可以充分体现出师生双方的主观能动性。随着教学活动的推进，学生的心理活动、学习表现会出现新的变化。不同的学生对同一的学习内容有的不同表现。即使是同一学生，也会因学习内容的变化而有不同的表现。比如，教师在运用讲授法进行教学时发现学生没有兴趣，就应运用其他方法激发学生的求知欲；在学生感到疲倦时，教师可以运用有趣的方法，激发学生的学习兴趣，消除学生的疲劳感。

根据教学方法的这一特点，在教学方法管理中，管理者应强调教师熟练掌握各种教学方法，要求他们灵活地、创造性地将教学方法运用于不同的教学情景中。只有灵活、巧妙地运用各种教学方法，才能产生良好的教学效果，才能充分发挥出教学方法的作用。

（四）根据教学方法的发展性进行管理

教学方法是随着社会发展和教育发展而发展的，没有永恒的教学方法。教学方法的发展不仅指量的增加，而且指质的提高。教师不仅要创造出更多的教学方法，还应根据教学的发展不断改善教学方法。

首先，管理者应鼓励教师学习古今中外优秀的教学方法。我国历史源远流长，有着丰富的知识宝藏。在教育方面也有许多值得我们今天借鉴和发扬的内容。管理者应鼓励教师认真学习我国古代的教育方法，剔除其糟粕，吸收其精华。我国古代教育家们创造的许多教学方法仍然具有旺盛的生命力，如"启发诱导""长善救失"等。对历史秉持虚无主义的态度是十分错误的，而不分良莠全盘继承也是不正确的。所以，教师应批判地继承我国古代优秀的教育遗产。对国外优秀的教育教学思想、方法，教师也应积极地吸收。凡是有用的，教师都应努力学习。同样，盲目排斥是错误的；而不加分析，全盘接受也是不正确的。其次，管理者应支持教师在实验的基础上大胆创新。学校教导主任要认识到教学方法对实现教学目的的桥梁作用，应鼓励和支持教师不断去实验，在实验的基础上创造出新的教学方法。

再次，教学方法改革要和教学的其他改革配套。教学方法应服务于教学思想与教学目的。而制约它的则是教学对象、内容与组织形式等。并且，若不改革传统的考试制度与教学指导思想，教学方法是很难得到发展的。所以，教学方法改革应和学校教学整体改革相结合。单纯的教学法改革效果不会太好。最后，教法改革和学法改革并重。教学过程是教和学的统一的过程，是一个过程的两个方面。因此，教学方法改革是教法和学法两方面相互协调和统一的改革。长期以来，教师对学法重视不够。实际上，教法是为学法的有效性服务的。教师在教学过程中应加强教法和学法统一的研究，促进教学方法的发展。

四、教学方法的优化

（一）从注入式转向启发式再转向学导式

所谓"从注入式转向启发式再转向学导式"揭示了学导式由启发式发展而来，启发式由注入式发展而来。

其中，注入式又可以被称为填鸭式，主要是指教师并不关注学生在现实中的知识水平、理解能力和认识过程的客观规律，只是一味地灌输给学生现成的知识结论，从自己的主观方面掌控教学进程，且仍旧实行让学生死记硬背的模式。

而启发式则指的是，在教学过程中，教师按照学习过程的客观规律，对学生进行引导，使其能自觉掌握知识的教学方法、理论等，淘汰注入式方法。我国教育的指导思想与原则一直都是启发式教学。但是，由于学校管理水平和教师素质不高，启发式教学长期以来一直处于"启而不发"的状态。

学导式教学是由启发式教学发展而来的，它的教学方法就是，在教师引导下，教师对学生采用个体结合群体的方式，使其自主、直接和快速地参与到教学过程中，让其在教材中获取知识，形成学力掌握学法。这是学导式教学法的完美形态。这种教学方法除了要求教师对教学中的人人关系和人书关系加以重视外，还要求教师对教学系统空间因素进行考虑，考虑教学内容的量度、密度，注意教学的速度与节奏，高速高效地安排教与学的过程。从学生角度来说，学导式教学是一种主动学习、自主学习活动。由此可以看出，启发式是对注入式的否定，学导式是启发式的升华。

（二）从依赖教学转向自主教学

学生对教师有着很强依赖性的教学活动即依赖教学，其有着"一维性"特点，也就是只有一种目标与结果。在依赖教学过程中，教师统一安排教学内容、统一制定教学目标和统一使用教学方法,而学生则会因为教师让自己学习才学习,觉得学习是教师要管的事。依赖教学的"一维性"使学生有的"吃不饱",有的"吃不了",有的"吃不好"。

学生受教师引导,主动地参与到教学的全过程,且能够自主地进行学习活动就是自主教学。这一教学活动有着"多维性"特点,也就是会有多种目标与结果出现。教师对学生予以鼓励,让他们按照自己的能力与特点参与制定教学目标,并且促使他们通过提出方式、策略而实现自我强化,以便能够在最大程度上按照特点制定出教学目标。学生会认为学习是自己的事情。自主教学的"多维性"会让优中差生"各行其通","优生不封顶,差生能保底",各类学生在原有的基础上都能得到不同程度的提高。

从依赖教学到自主教学,既是一种改革趋势,又是一个渐进过程。作为一种教学方法,自主教学要求教师在学习需求、学习方法、学习过程、学习资源、学习时空、学习评价等方面促进学生增强自主性,要求学生明确使命感与目标追求,还要具备创新意识与活跃的思维,并且可以自发地对自身学习行为进行监控与协调。

(三)从认知教学转向情知教学

认知教学的教学过程是感觉、思维、知识、智慧、智力、逻辑、分析、科学领域。它的特征:教师不给学生观察、思考、提问题、自己动手的机会,一味翻来覆去地讲,而学生依样画葫芦地做习题。学生摸不清学习的具体目标,不知道自己在学习的长途中走到了什么地方,走得怎么样,应从哪里努力等。情知教学的教学过程是感受——情绪——意志、性格。它的基本特征:强调教学过程是认知过程与情意过程的辩证统一,因而情知教学不但重视研究教学过程的认知因素和智力因素,而且重视研究教学过程中的情意因素;不但重视认知功能中反映作用的发挥,而且注重情意功能中动力作用的发挥。

第三节 教育教学的管理模式

一、当代高校教学管理观念的变革

(一)由"以事为本"转变为"以人为本"

如今,当代的高校教学管理想要贯彻"以人为本"思想,就要面向基层、服务对象与教学活动等。所以,管理者不管要实施哪一项与教学管理相关的制度、政策与措施,都要将这一点作为前提,以促进教师教学活动的自主性与创造性、学生学习的积极性与主动性等，以便能够对学生的实践能力与创新精神进行培养，从而在最大程度上发挥其创造性、主动性。因此，当代高校教学管理的观念应转变为以"人"为中心的民主型管理观念。当代高校教学管理应改变被管理者、学生与教师的被动地位，使他们既属于管理对象一类，同时也能具备管理主体的观念；与此同时，还应采用民主与参与式的管理方式，充分保证教师顺利地参与教学管理工作，并提出与教学管理有关的建议，以有助于学校教学管理工作的顺利开展，保证教学质量。

管理者与被管理者之间存在双重关系，也就是工作关系和人际关系。工作关系主要强调责任，而人际关系则强调感情交流。在学校教学管理过程中，管理者需要保持双重关系的大致平衡。从被管理者角度来讲，管理者除了需要强调其工作关系，严格要求被管理者且坚持原则，也应注意到人际关系的重要性，即要增进彼此间感情，爱护被管理者与关心被管理者。

（二）坚持"教师主导，学生主体"的教学原则

"教师主导，学生主体"的教学原则强调让学生在学习时明确自身地位，要以教学主体而存在。因此，教学活动的最终效果或评估系统不是基于教师所教的内容，而是基于学生所学的内容以及其对他们的素质产生的影响。从本质上说，这是"以人为本"的思想在教学管理过程中的重要体现。

二、当代高校教学管理模式的变革

当代高校教学管理模式既要严格也应宽松，也就是办事应当严格遵守规章制度，一视同仁；但同时，对于创造性人才的培养，在管理模式方面也应较为柔软和有弹性，充分对学生潜力加以挖掘，并为了发展其个性而创造条件。所以，管理者在教学管理中应当时刻对规范、严格与灵活性方面进行处理，并给学生提供充分的空间与时间，让其发挥自身的个性，进而让其创造性思维在一种宽松的环境氛围中得到发展。与工业经济时代"标准化"教育的"刚"性管理相比，当下知识经济时代的教育是一种建立在鼓励创新教育基础上的有较高理论水平的"柔"性管理。因此，我国高校尤其要对"刚"性教学管理制度进行改革。在深化教学管理改革中，教师需要发挥很大的作用。因此，管理者必须鼓励教师积极参与教学管理改革。现行的管理制度已经有些阻碍改革的进程了，比如，很多大学都实行了教学工作量制度，主要通过计算教师承担教学任务的总量来调控教师的工资与奖金。但是，在改革教学管理的过程中，教师经常会投入很多精力，比如编写新教材和制订改革方案等。在大部分情况下，其现在的工作量一定会超过原本的教学任务工作量。但这一过程几乎不会体现在教学工作量标准中。这就导致了教

学管理改革动力不足的问题。因此，高校需要出台一些政策，保证或勉励教师能够积极地实施教学改革。这也是目前教学管理需要进一步解决和研究的问题之一。

但是，如果不减少现有的学时，就无法让学生有时间和精力选择自己真正想选的课程。从表面上看，实施学分制的做法提供了很多学习条件给学生，但是因为时间上可能发生冲突，课程也可能太满，所以这些都将会导致学生基本不可能超前修课。虽然目前国家已经淡化了专业类别，但是对于具体的人才培养计划来说，其"专业性"依旧很强，学科交叉的目标还是可望而不可即。因此，改革现有的教学管理模式与方法是教学管理改革的突破口。

在人才培养模式中应用先进的教学思想观念有赖于高校教学管理部门的有效协调、组织和实施。例如，高校教学管理部门的一项重要任务就是制订人才培养计划。其遵循的原则是否符合培养创造性人才的要求、是否协调了各方的关系，对深化教育教学改革有着举足轻重的影响。对于课堂的教学评价来说，传统意义上的突出重点、逻辑性强和解决课堂问题等是上好课的基本标准。这一基本标准主要服务于传授知识的教育模式。而从学生创新精神的培养角度来说，传统的教育方式是不可能做到的。所以，高校的教学管理部门应当先制定出教师教学的评价标准，并在教学诊断时以现代的教育理念为指导，激发教师教改积极性。在改革了教学管理模式后，高校教学管理部门就要改进教方面的管理和学方面的管理，主要应关注学生的学习方法、态度、习惯与效果等。在人才评价标准方面，标准过于单一机械，往往会压制学生的个性发展，扼杀了其创新精神。所以高校教学管理部门应当正确对待每位学生，且支持其个性的发展，使其能够开发自身潜能、发展独特个性、培养自身兴趣爱好等。因此，高校应建立有利于学生和教师培养创造性的科学评价体系和评价方法。

第四节　教学管理信息化创新

一、高校教学管理信息化建设的意义

高等教育必走的强业之路就是要保证能够快速平稳地实现教育的信息化。为了满足我国当前高等教育不断扩大招生规模、不断增强校内建设的需求，建立高校信息化管理教学体系十分必要。学校中教师的数量在不断增多，学生的数量更是逐年增长，这就使得管理学校的工作难度加大。国内的高校教务部门逐渐投入现代信息化的教学管理体系建立工作中，逐渐带动教学模式信息化的快速发展。同时，国内高校教学管理体系还要实行相对统一的运行标准，以保证各大高校间能顺利地合作进行教学管理、学籍档案管理和用户管理等方面的工作，也会有效

降低之后在共享工作信息资源中的出错频率，提升工作效率。高校建立信息化教学管理体系，除了可以提升教学信息的处理能力，加大信息贮存的管理力度，而且可以让校内的教学管理工作实现有序化发展。这样一来，就能在一定程度上减少管理人员的工作量，防止由于部分管理人员的态度不认真而导致信息遭到扰乱的现象出现。这充分体现出在教学系统中，教学的管理工作起着重要的作用。

入学时，学生要将档案和信息交给教务部门保管。所以，学生未来发展的前途与命运多半是由教务管理部门决定的。所以，在日常的工作中，教务部门一定要时刻保证自身部门的时效化与高效化，及时地给学校领导、教师以及学生提供他们所需要的信息，从而使其能够在工作、学习中时刻共享信息资源。这样将非常有利于提升教职工的工作效率和学生学习的效果。同时，教务部门还应不断鼓励高水平的教师对校内其他教师和学生加以引导。

二、高校教学管理信息化平台

（一）高校教学管理信息化平台的内容

教学管理信息化平台的建立是目前高校教学管理的重点。建立教学管理信息化平台是高校教学管理信息化发展的核心所在。所以，教学管理信息化平台一定要包括以下几个板块内容。第一，用户的管理。设定的用户人群范围可以是学生、教师和其他人员。这些人员需要输入账户名和密码，被允许通过后才能访问平台，从而进一步保障教学管理系统的安全。另外，教学管理信息化平台应使用户在选择板块内容时相对自由，但不允许用户随意地更改信息。第二，课程的管理。教学管理信息化平台应能使平台管理者及时地对开设的课程以及与课程相关的信息进行录入，如录入课程用时和课程代码等信息，而且应方便教师与学生及时找到关于课程的相关资料。第三，智能化排课。排课的合理程度与教学结构的合理优化是相互直接影响的。系统也会按照具体教学状况来优化教学资源。第四，教学计划设定。平台应能够便于学生找到自己的完成学业的情况以及学习状况，为毕业做好充分的准备。第五，对教材的针对性管理。该类管理的目的是让教师和学生都能及时地领到教材，推进学习进程；方便对书籍进行管理，同时记录好购进书本的价格、版次、出版日期等信息。第六，注册管理。学生在人工注册完成后，要到网上再一次进行注册。之所以这样做是为了避免学生遗失自身信息的情况出现。第七，成绩与学籍管理。学生学籍的主要信息包含学生的日常表现、在校的成绩记录等。这些信息都是可以在网上被查到的。这样，不仅能够减少教师的工作量，还能提高对学生的管理效率。

（二）高校教学管理信息化平台建设的策略

高校要想建设高品质的信息化教学管理平台，就必须谨记"人不在于多，而在于质"，也就是要尽可能减少用工数量，以最小的投入换取最大的回报。所以，这样的选择势必会促进高校教学管理信息化建设。

1.严格遵循设计教学管理信息化系统的原则

首先，设计者对于信息化教学管理系统中所需要的资料都要事先考虑到，并对每个系统建设的细节有相对充分的了解。这样做可以为教学管理信息化平台的后期设计提供有力的现实依据。在设计的同时，设计者还要结合当前高校发展的具体情况，保证不脱离实际，且基于学校发展的具体要求来对信息化教学管理系统进行设计。其次，设计出的系统应尽量简单且方便操作，避免出现非常繁杂的页面与复杂的启动程序等。设计者在页面的首页就要设置提示，以便能让用户找到其所需要的信息。这也正是保障高校教学管理体系信息化的主要推广原则。再次，设计者应明确工作流程。这意味着在具体操作中，设计者要把握规范，不能违背原则进行操作。在平台板块的设计上，设计者应尽可能贴近教学实际，实现各方渠道信息的一致性、完整性，防止发生信息被错误获取的问题。最后，设计者应建立有效的信息反馈版块，让使用者在亲身经历之后提出合理的意见和建议，提高信息化教学管理系统的使用质量。

2.明确教学管理信息化平台的基本组成部分

教学管理信息化平台必须具有以下的基本组成部分：学籍管理模块、校内资源管理模块、教务信息管理模块。其中校内资源管理模块包括教室资源、精品课程、课程资源以及教师资源管理等方面；学籍管理模块包括已修学分的查询、学籍信息以及学历有关的信息查找；教务信息管理模块包括课程信息、考试考核、培养计划等。信息化教学管理平台就是由这三大模块组成的。这三大模块除了能保障平台高效运行，还有助于实现资源的共享，以方便学生和教师获取信息资源。

3.建立高质量的网络维护安全网

智能化网络系统对信息化教学管理平台来说是非常重要的。但对于网络系统来说，其各方面经常会受到威胁，具有可侵害性与不稳定性。因此，对系统自身的安全性的保障应当是教学管理信息化平台维护的重点，使其尽量少受到外界的干扰。目前的教学管理系统主要是基于校园网进行建立的。设计者需要运用较强的技术手段，提供一个能及时处理和可信度高的信息平台，同时建立高质量的网络维护安全网，进一步实现平台信息化的不断发展，从而保障信息的安全。

三、促进高校教学管理信息化建设的具体方法

（一）更新教学观念，加大教学管理信息化的建设力度

在改善教学管理信息化的环境方面，教师的观念是非常重要的。而且学生受到教师的影响也很大。正是因为这样，教师才要首先起到带头作用，勇于使用新方式进行教学，敢于尝试新科技，逐渐引导学生慢慢适应并积极应对目前的新教育形式。此外，学校还要对校内信息化教学管理应用观念进行加强，紧密联系起正常的教务体系与信息化的教学管理工作，不断深化信息化教学管理系统改革，保障信息的安全，加强对信息化教学管理平台的监督管理工作，保障平台的正常运行。

（二）建立优质的教学管理体系，不断提高工作效率

高校教学管理信息化是不断发展的，因此信息化管理水平和管理人员的工作效率就会显得非常重要。所以，为了进一步适应当前发展要求，各部门之间应积极地配合。学校的领导还应建设出一支优秀的教学管理队伍，提高教学管理信息化的水平，增加校内管理人员参加培训的机会，使其走出去，引进更多的高端教学模式，鼓励管理人员，使其努力提升自身的专业化素养，同时提高应用现代化科技的水平，培养管理人员思考与解决问题的能力，避免教学管理工作中可能会出现的弊端，从而促进教学管理系统信息化的快速发展。

（三）保障教学管理信息化平台的科学性

教学管理信息化平台的建设需要信息资源和信息技术的支持。管理者在平台的开发设计过程中要充分结合学校当前的实际情况，做出合理的调整，以提高建设速度；针对整个设计开发过程，从事开发设计工作的人员一定得是专业的团队，同时需要有一个具有较强决策能力的领导参与其中，以加快整体设计开发进度；当系统正式投入使用后，管理者应安排专业人员不断依据用户的一些意见进行调试和修改，从而更好地体现出教学管理信息化平台的智能化和科学性，满足用户信息处理、收集、共享和管理等方面的要求，提高平台的使用价值。

（四）建立相关的系统管理制度

建设教学管理信息化平台不光需要专业化团队的管理、各种技术的支持、教学观念的更新，还需要正确的系统管理方式。所以，要快速建立健全高校教学管理系统，管理者就应当制定合理的管理规定，以便对教学管理信息化系统进行监督，避免不合规定的情况出现，从而影响系统的应用性。与此同时，良好的管理制度能使高校内部管理人员及时依据实际状况修改系统，对信息进行更正，以防

信息错误从而影响正常工作。[1]

---

[1] 郭晓雯.高校教育教学管理创新发展研究［M］.北京：北京工业大学出版社，2019.

第六章 创新思维教育的教学质量与学生管理

第一节 教学质量的管理创新

一、教学质量管理

(一) 质量和教学质量的概念

1.质量的概念

质量就是产品或工作的优劣程度，即以某一特定标准衡量产品或有关的各项工作后得出的符合程度。质量可以分为产品质量和工作质量。而产品的质量取决于工作的质量。

2.教学质量的概念

狭义的教学质量指的是课堂教学的优劣程度。例如，一位数学教师在教学过程中，按照教学大纲和教科书的要求进行教学，完成一定教学任务所取得的成绩就是教学质量，即教学优劣程度的一种反映。人们通常所说的教学质量，多指这种狭义的教学质量。如果单纯以此来衡量校长的办学成绩、教师的教学水平、学生的学习质量，就不够全面合理了。

学校进行道德教育、智力教育、体质教育、美学教育工作的质量和学生综合发展的情况就是广义上的教学质量。这种教学质量的评价依据的是多方面的内容，例如，党的教育方针是否被全面的贯彻执行，学生的身心是否得到了全面的培养和发展，学生在道德品质、智力、体质、审美等方面是不是在原有基础上得到了持续的大幅度的提升，学生毕业后劳动或升学是否适应社会发展和经济建设的要求。教学质量好体现为毕业生为社会发展和经济建设服务得好，有后劲，有系统的文化科学知识、很强的自学能力、崇高的思想境界、高尚的道德品质和强健的体质。最后的衡量标准是学生日后在社会上所起的作用，是否成了有理想、有道德、有文化、守纪律的一代新人。因此，分析一个学校的教学质量，不仅要看考试成绩，而且要看教职员工和干部的工作质量和学习质量。

（二）管理和教学质量管理

1.管理的概念

对于管理的含义，目前各个学派说法不一。有的学派认为管理就是效率，有的学派认为管理就是决策，还有的学派认为管理主要就是对人的管理。目前比较新的理论认为，管理是为了实现预期目标的一个集体，对各种资源充分组织和使用的过程。我国一些教育家也有不同的解释，他们认为，很多人为了一个共同的目标，聚在一起进行协作劳动的过程中，每个人必须要听从组织的安排和指挥，否则每个人的活动就难以协调，并难以按计划达到预期的效果。这种对劳动的组织、指挥、协调的工作便是管理。

2.教学质量管理的概念

教学质量管理实质上就是管理教学质量形成的全过程和各环节，把有关人员组织起来，把影响教学质量的各种因素控制起来，以保证在教学质量形成的过程中不出差错，或少出差错，并且逐步提高教和学的质量。所以，实行教学质量管理是提高教学质量的重要保障。有些管理者习惯于把考试当成教学质量管理的主要手段。这是由来已久的一种误解。教学质量不是考出来的，而是教出来的，学出来的。管理者应将教学质量管理的重点放在平时的形成教学质量的全过程和各环节上，而不应当放在考试上。

3.教学管理与教学质量的关系

学校对各个方面实施的管理就是教学管理。在设立了具体管理目标的前提下，学校通过教学管理手段对整个教学工作进行有序的调节和控制。教学管理的所有环节与教学质量都具有密切的关系。无论是教学任务的安排还是教学质量的评价等都属于教学管理的范畴。例如，查看教学方法是否先进、授课内容是否新颖、是否做到了将理论与实践有效结合起来、学生的学习水平是否稳步提高的教学跟踪监测，就是教学管理中非常强大的一种监测手段。全面提高教学质量是教学管理始终围绕进行的工作重心。高校应重视教学管理体制的改革和完善，创造和建立新型的教学管理制度，从而促进人才的培养及其素质的提高。

（三）教学质量管理的主要内容

第一，管理者应进行宣传教育，做好思想工作，充分发挥全校教职员工的聪明才智，提高他们的质量意识，使人人关心教学质量、个个参与质量监督、认真负责地做好质量管理工作。

第二，管理者应建立和健全教学质量管理体系。校长应负责组织所有与教学质量相关的人员进入教学质量管理系统。每个人都应充分履行自己的岗位职责，每个人都应充分发挥自己的岗位职能，使上下左右信息渠道畅通。

第三，在每学期的开学之前，管理者应根据上一学期的经验教训，采取上下结合的方法，提出新学期的要求或目标，实施相应的计划。

第四，管理者应检查各职能部门、各教研组、各班级的实施情况，控制和调节影响教学质量的各种因素。

第五，管理者要充分了解和掌握教学质量的情况，要用数据说话，不能停留在用生动的和突出的事例来说明问题的水平上。

（四）教学质量管理的分类

1. 预防性质量管理

预防性质量管理主要指校长、教导主任、教研组长，通过抽样检查，及时了解教师备课、上课、批改、辅导的质量，及时了解学生预习、听课、复习、作业的质量，从中寻找经验，及时总结推广；发现问题，及时研究解决。这种管理可以防患于未然，也可以避免在升级或升学考试前再去"亡羊补牢"，可以防止和减少教学中的倾向性问题发生。所以，预防性质量管理是稳步提高教学质量的一种可靠的保证。

2. 鉴定性质量管理

因为鉴定性质量管理是管理者到了一定阶段后所进行的质量检查和质量分析，所以又叫阶段性质量管理。比如：在新生刚入学后，有的学校进行摸底测验或编班测验，及时了解学生在上一个学段完成学习任务的情况，并及时进行补缺补漏的做法，就属于这种管理；有的学校在每个学年对学生德、智、体、美等的发展情况进行全面的分析评定，做出升留级的决定，并且总结这方面的经验教训的做法，也属于这种管理；对毕业班学生德、智、体、美等方面的发展情况进行质量检查和质量分析，总结经验教训的做法，也属于这一种管理。

3. 实验性质量管理

在教学质量管理过程中，许多做法都要经过科学研究和科学实验，只有被证明是切实可行、行之有效的，才能被逐步推广。这样做，不仅能够让管理者提高自觉性，减少盲目性，学会按照客观规律办事，而且可以防止挫伤师生员工的积极性的情况出现。如果管理者见到新方法就直接拿来用，而不经过研究和实验，很有可能会在实施过程中出现各种问题，从而造成资源和时间的浪费。

(五) 教学质量管理的原则

1. 坚持以教学为主

学校以教学为主是由学校本身的性质、任务决定的。教学是学校的根本任务，就像生产是工厂的根本任务一样，否则学校就不能被称为学校了。学校的这种性质、任务，决定了教学工作是学校工作的中心，是处理矛盾、全面安排工作的出发点和落脚点。当然，坚持以教学为主，并不是一件轻而易举的事情。学校必须端正办学指导思想，提高科学管理水平，改进工作作风和工作方法，才能切实做到这点。

2. 坚持实事求是

"实事求是"是做好工作必须遵循的一项重要原则，也是学校实行科学管理的一项重要原则。不少学校领导对全面教学质量管理，还不是很熟悉。此时，学校领导就要努力学习、刻苦钻研、认真探索，从而逐步熟悉起来。在这个过程中，新情况、新问题不断出现，学校领导甚至会遇到挫折和失败，这都不足为怪。目前值得重视的一个问题是，在学校管理工作中，不少学校领导存在着"重经验，轻理论"的问题，进而阻碍了科学研究和科学实验广泛深入地开展。将这个问题解决了，学校领导学习科学理论指导学校管理实践的自觉性就会提高，工作的盲目性就会减少；将理论同实践结合在一起，就能从实际出发，找出周围事物的内部联系。

3. 坚持民主集中制

许多学校师生员工心情舒畅、干劲倍增。这是学校发扬社会主义民主取得的成果。但是，我们不能只要民主，不要集中；只要自由，不要纪律，否则，连正常的教学秩序都无法保证，还谈什么教学质量管理呢？目前，学校领导在实施教学质量管理时应当注意以下几点。

（1）坚持领导与群众相结合

学校领导要继承和发扬党的优良传统和作风，与群众同甘共苦，保持最密切的联系，不能脱离群众，凌驾于群众之上。在新的历史时期，新情况、新问题不断出现。不论是决策与计划，组织与实施，还是检查与指导，总结与改进，都要从群众中来，到群众中去。

（2）集体领导必须和个人负责相结合

每个学校领导都要明确所负的具体责任，做到"事事有人管，人人有专责"，严格执行质量责任制。

4. 坚持思想政治工作优先

学校领导是师生员工的带路人。一所学校能否按照党中央和国务院指引的方向前进，成为社会主义精神文明基地，要看学校领导能否做好思想政治工作，能否对于来自校内外不良影响采取有力措施加以遏制。近些年来在教育质量管理过程中，一些学校出现了重视文化成绩，忽视学生德、智、体、美全面发展的倾向；重视知识传授，忽视发展能力的倾向。是否能够及时克服，也要看学校领导能否做好思想政治工作。在教学质量管理工作中，学校领导应该明确思想政治工作的地位和作用；应该明确在新的历史时期加强思想政治工作的重要性；也应该明确，在学校里，思想政治工作不能离开以教学为中心的轨道而孤立地进行。因此，学校领导还要结合业务工作和日常管理活动进行思想政治工作。

二、高校教学质量管理体系的构建

（一）构建高校教学质量管理体系的必要性

1.经济发展的必然要求

经济发展的要求主要在两个方面体现出来：一方面，经济体制的转轨变革和社会主义市场经济体制的确立，要求高等学校改进原有的质量评估方法，研究与开发适应新型经济体制的高校教学质量管理体系；另一方面，要求转变经济增长方式。经过几十年的经济建设尤其是改革开放以来四十余年的发展，我国经济建设取得了很大进展。

从我国高等教育的当前的发展形势来看，我国面临着两方面的压力：其一，根据经济发展对紧缺人才的要求，对人才培养做出结构性调整；其二，依据社会发展对未来人才的新要求，提出高等教育的新目标与教育质量的新标准。要确保这种结构性调整的到位以及新目标与新标准的实现，强化教育质量管理，建立适合我国国情的高校教学质量管理体系势在必行。

2.解决高等教育中学生数量与教育质量矛盾的需要

随着我国高等教育事业突飞猛进的发展，高等学校的招生人数、在校生人数和毕业生人数均显著增加。特别是高等院校在20世纪末广泛扩大招生规模，逐步加快了高等教育大众进程。近些年，虽然在"高校合并"的大背景下，我国高校的数量有所减少，但是扩大招生规模的热潮并没有在高等学校散去。高等学校在校生的数量仍然呈现迅猛增长的态势。但从历史中得出的经验来看，高校教育的质量随着高校学生数量的增长呈现了下降的趋势。所以，为了在我国扩大高等教育规模的同时，使高等教育的质量也能得到充分的保证，从而适应社会发展的客观需要，建立高校教学质量管理体系已经迫在眉睫。

3.高等教育面临的难题亟待解决的要求

高校招生结构失衡、教育质量下降、失去鲜明的特色、各方面的效益不明显、声望和名誉受到损伤等一系列因高校扩招带来的麻烦，使高校难以应付，并直接影响了教学质量。虽然多样性是大众的呼声，但是如何在维持高等教育的基本底线的基础上做好多样性是当前高等教育领域的一个难点。我国高等教育当前面临的难题迫切需要通过建立高校教学质量管理体系得以解决，以确保我国高等教育在普及过程中的质量。

（二）构建高校教学质量管理体系的原则

1. 动态性原则

动态性原则是构建高校教学质量管理体系的基本要求。高等教育的发展是一个不断变化的动态过程。各高校应从本地区高等教育发展变化的实际出发，根据自身的现实情况，动态地构建高校教学质量管理体系。动态性原则是指构建高校教学质量管理体系必须根据不同的情况，确定和采取不同的措施、策略和方法，使高校教学质量管理体系具有针对性和适应性。

2. 发展性原则

随着社会的变化，高等教育也在不断发展。所以，针对它而构建的高校教学质量管理体系也应该不是一成不变的。有效的高校教学质量管理体系应可以根据环境的变化，针对社会发展变化做出及时的调整，从而不断适应高等教育的发展。此外，高校教学质量管理体系还应该吸收国内外先进的技术和经验，及时反映出教学质量管理的新概念、新思想和新方法。只有保持先进性和超前性，才能使教学质量管理体系保持相对稳定性。

（三）构建高校教学质量管理体系的途径

1. 建立多元的高校教学质量管理观

高等教育规模的不断扩大使高等教育普及化的进程越来越快。数量的增长只是大众化的表面现象，它带来的更深层次的变化是观念的变化和模式的创新。高等院校在思想观念上主动转变，以积极的心态面对高等教育大众化阶段带来的挑战。高等教育大众化阶段的发展多样化促使高校教学质量管理观和高等教育目标向多元化发展。所以，管理者必须在思想观念上及时转变，将封闭的内向型思维转变为现代开放的国际型思维。为了形成多元化的高校教学质量管理观，管理者应主动进行高等教育的理论与实践研究，从而使多元化的高校教学质量管理观得到确立，避免用一种质量标准去衡量所有的高校活动的质量。

2. 建立完善的高校教学质量管理体系

高校主要通过建立完善的教学质量管理体系来保障教学质量。高校应树立牢固的质量意识，建立教学质量管理体系，充分发挥管理体系的作用。所有外部的评估与监督措施要达到对高等教育质量应有的保障效果，就离不开高校自身的教学质量管理体系。所以，关键是要建立起完善的高校教学质量管理体系。

3.建立国际高校教学质量管理体系经验吸收观

我国高校必须借鉴国外的成功经验，加强国际交流与合作，建立符合国际标准的高校教学质量管理体系，建立具有我国特色的高校教学质量管理体系。经过十多年的飞速发展，我国高等教育进入大众化阶段。质量是高等学校生存与发展的关键。所以，高校要重新审视高等教育教学质量问题，重新树立高校教学质量管理观，建立更加完善的教学质量管理体系。学校要想生存和持续地发展，大众化高等教育的规模扩大和发展就必须以保证质量为前提。也只有这样，大众化高等教育才有意义。高校应建立一套与现实背景相适应的多元化的综合性高校教学质量管理体系，从各个层次和角度确保人才培养质量，促进高等教育质量的提高，最终实现全面的、可持续的中国高等教育的发展之路。

三、高校教学质量管理的创新措施

（一）做好标准化工作

1.制定明确的教学质量标准

教学质量形成的全过程和各个环节中都必须有明确的质量标准。否则我们就难以准确衡量和评定教学质量的优劣程度，也难以准确地判定究竟是否全面地贯彻了党的教育方针，是否实现了管理目标。所以要实行教学质量管理，就要研究和制定评定教学质量优劣程度的标准。各科教学质量的标准是以各科教学大纲、教学计划和教科书为依据而制定的。教导主任要按照国家颁发的教学计划排课，要指导教师学习教学大纲，钻研教材。教师要按照教学计划、教学大纲和教科书的要求上课，并且在每个学年、每个学期、每个单元、每一节课的教学过程中和各个环节中去落实。因此，教导主任要协助校长研究并制定教师教学工作各个环节的质量标准。

2.制定明确的学习质量标准

只有管理者明确了学习的质量标准，才有可能使学生明确每一学年、每一学期、每一单元、每一节课的学习任务和要求，从而主动地完成学习任务，达到学习要求。有些地方、有些学校提出的分年级要求，提供的教学参考资料，就为有关学校和教师制定学生学习质量的标准提供了有利条件。作为分管教学的校长和教导主任，应当充分利用这些条件，研究并制定学生预习、听课复习、做作业等几个环节的标准，而且要严格检查，通过学习质量标准化的工作，调动学生的学习积极性，培养良好的学风。

3.制定明确的教学质量管理工作标准

教学质量管理的所有工作都要标准化。各项工作都要有一个标准。这样，管理者才能评定其优劣程度。标准应便于执行，便于检查。例如，管理者在制定实验室管理员的工作标准时可参考以下几点。

第一，仪器、药品、标本、材料、设备等账目清楚，制度健全，随手可查、可取。

第二，要分类编号各种仪器、药品、标本、挂图、材料，存放要有规律。试剂要有标签，要定点存放配套附件，要保持玻璃仪器清洁干净。

第三，能提前一周为实验课和演示实验做好必要的准备，协助教师上好实验课。

第四，做好保管、维修、安全工作。标准要如实反映情况，不断修改，不断完善。无论是成功的经验还是失败的教训，都应该加以总结使其标准化。待下次再做同样的工作时，可直接按标准进行，借鉴成功的经验，防止再次失败。这样可使学校的工作条理化、专职化，简化了管理工作，达到了高效率的目的。标准化既是质量管理的结果又是下一循环的起点。所以，全面质量管理从标准化开始，到标准化告终。如此周而复始，螺旋上升，逐步完善，整个学校就会出现欣欣向荣的局面。

（二）做好质量情报工作

随着社会的发展，教学质量管理在提高教学质量过程中的作用越来越大。这就促使校长和教导主任必须及时掌握学校内外教学改革信息情报。有条件的学校，还要及时了解校内外、省内外、国内外的教育科学和管理科学研究的新成果和新经验。在科学技术日新月异的今天，如果学校领导孤陋寡闻、闭关自守，那么无论如何也办不好现代化的学校。因此，学校教导处要及时收集教学研究的资料，包括观摩教学的资料、课外活动的资料、学生健康与生活的资料、学生课外阅读的资料、学生兴趣爱好的资料、学校领导听课和抽样检查的资料、教师相互听课的资料、质量分析的资料、教师健康状况和生活状况的资料等。教导主任要特别注意教学方法研究的新成果和新经验，从而开阔眼界，增长见识，取长补短，引导本校教师不断改进教学方法；此外，还要定期收集毕业生就业后的信息，以及他们本人和单位对学校的意见和建议。这也是衡量学校全面贯彻党的教育方针的一个重要方面。

为了使学生身心得到全面的发展，班主任要及时了解学生在校外的表现情况，并将重要情况及时向教导处汇报。教导主任要亲自研究"三好学生"的发展情况和规律，研究各科"拔尖"学生的发展情况和规律，研究优秀班主任和优秀教师的发展情况和规律；要充分发挥各种质量情报和教学资料的作用。教导主任要指导教导员，或者亲自整理分类。属于教学资料的，由资料室整理保管；属于学生品德方面的校外信息的，教导处应将之传递给班主任；对于查有实据的资料，教导处应妥善保管；对于教师健康情况和生活状况的资料，在校长、党支部书记、教导主任、总务主任工会主席传阅后，教导处应将之交给人事部门保管，并主动帮助教师克服困难。

对于教育科学和管理科学研究的新成果，图书资料室要将之及时传递给校长和教导主任。不论何种情报资料，都要有收发和报关的制度。图书资料室不可以将公共财物化为私有；对于遗失的和损坏的，要赔偿、要检讨；要建立严格的规章制度。学校领导要以身作则。这样，有关职员就好办事了。对校内外的各种反馈信息，进行科学分析，去粗取精，去伪存真，并进行由此及彼、由表及里的思索，进行综合、概括，做出正确的判断，以充分发挥质量情报的作用，是教导主任义不容辞的责任。

（三）做好质量管理教育工作

对校长来说，质量管理是一项具有挑战性的工作。事实证明，已经实行教学质量管理，并且已经取得显著成绩的学校，就是边学边干、边干边学的。教学是一门科学，更是一门艺术，它的魅力就在于不断地发展、创新。实现教学创新、提高教学质量的办法只有一个，就是学校要坚持实事求是，从实际出发，将理论与实践结合起来。只有这样，才能少走弯路，加快全面提高教育教学质量的进程。

苏联著名的教育家马卡连柯曾经指出：教育技巧的必要特征之一，就是要有随机应变的能力。所以每一个教育工作者都不能刻板公式化，要随时根据自己的实际情况，以及工作条件与学生情况的变化，找到适当的手段。实际上，一些经验丰富的校长，在管理过程中对各种教育方法、教育手段、管理方法、管理手段，都善于综合运用、灵活运用，并在运用的过程中有所发现、有所发明、有所创造、有所提高。如果所有的校长都能这样做，那么教育质量管理水平就会得到大幅度提高，学校的教学质量也必然会得到大幅度的提高。

（四）做好教学质量督导工作

1.构建健全的督导体系

（1）确定合理的督导模式

我国高校应以促进教学质量的提高为重心，以发现问题为前提，以改革教学环节为途径，重新定位教学督导工作，重构与本科教学合格评估相结合的校二级督导管理机构，在二级学院成立院级督导小组，将教学督导工作重心下移，进一步强化各学院的自我质量监控功能，充分调动二级学院的积极性，发挥各学科专家在各自专业方面的优势，使督导工作更有针对性和实效性。

（2）健全教学督导体系

我国高校应进一步明确督导人员的责、权、利，提高教学督导在质量监控体系中的地位和作用，强化其督导功能。教学督导体系的建立和健全，是进行教学质量监督的重要前提。只有充分发挥教学督导体系的作用，才能使质量监控更加公平合理，并且取得良好的监督和控制的效果。

2.构建督导与服务相"融合"的体系

"导"是教学工作的重点内容，"督"是为了更有效地"导"。以"督"为辅，以"导"为主，"督"和"导"相融合才能使"导"具体到位，使"督"得到延深和落实。督导人员要通过对教师工作的"督"，了解和掌握其不足之处，帮助他们解决教学中出现的问题，改革教学方法与手段，提高教学技能；督导人员要挖掘教师的潜能，帮助他们总结经验，形成个性化的教学风格。同时，校院两级管理部门要定期组织召开督导工作会议，索取建议，处理信息，解决督导中存在的问题，帮助督导人员提高工作效率与督导水平，以使其更好地服务于教学工作。

3.加强督导队伍的专业化建设

学校要重视督导人员的整体素质。督导人员精通教育理论、教育管理与教学实践。建立一支专兼职相结合，专业、年龄结构合理，素质良好的督导队伍是高等教育教学改革与发展的需要，也是高校提高教学质量的必然要求。高校要加强督导队伍的专业化建设，优化督导队伍的专业结构，应要求督导人员具有专业知识、专业技能和职业道德；建立有效的教学督导人员培训机制；明确规定督导人员的职责与职权；引导和鼓励其加强理论与技术研究，提高督导工作水平。总之，高校能否顺利构建及运行教学督导系统的关键在于是否具备一支高素质的督导队伍。

（五）做好校长的配备和甄选工作

合格人才的人才培养需要合格的教师；而合格教师的成长和提高，则需要合格的校长为之创造条件，并且给予指导和帮助。自新中国成立以来，正、反两个方面的经验都充分证明了，实行校长负责制可以保证校长全面地、充分地履行校长的职责。

1.调查研究的能力

有些校长在名义上是学校的指挥员，但实际上是学校的事务员或者校长室的秘书，并没有发挥校长的计划、组织、指挥、监督和协调的作用。原因之一是其缺乏调查研究的能力。目前有些学校，不能全面落实党的教育方针和知识分子政策，对教育部门的指示不能全面贯彻到底，不能长期提高教学质量。这都与校长有密切的关系。所以，校长应当自觉提高调查研究的能力，特别要提高对教学过程和教学管理过程进行调查研究的能力。

2.调动教师积极性的能力

这是校长的一项基本功,也是办好学校的一个重要条件。调动教师积极性的主要方法有以下三种。一是进行思想政治教育,主要内容包括形势教育和爱国主义教育。二是进行精神鼓励和物质奖励,主要包括表扬好人好事,设法增加教师收入。三是全面落实党的知识分子政策,切实做到在政治上一视同仁,在工作上放手信任,在生活上关心照顾。实践证明,第三种办法效果最好,不仅能消除教师的后顾之忧,使教师把主要精力都放在教学质量上,而且能激励教师为开创学校工作的新局面而充分发挥自己的聪明才智,为学生的身心健康发展而呕心沥血。

3.组织和指挥的能力

组织和指挥的能力对校长来说也是一项重要的基本功。对于一项计划,要使计划切实可行,真正成为全校师生员工未来行动的方案,成为学校各项管理工作的基础,从而保证学生的品德、智力、体质、审美都在原有的基上不断提高。这就需要校长有相当的指挥能力。以执行计划来说,有组织和指挥能力的校长在安排每一个员工的工作时都会注意扬长避短使他们各得其所、各尽所能,使其工作关系和人际关系都能协调发展。这就能使教师和班主任心情舒畅,鼓足干劲,力争上游。有了这样的校长,师生员工就有了主心骨,就能使十分繁杂的学校工作有条不紊地进行。我国有不少德高望重的老校长都有这种指挥若定的能力。这种指挥若定的能力同这些校长的素质、水平高有密切的关系,但也都是校长在工作中有意识地锻炼与培养出来的。所以,中青年校长缺乏经验是暂时的,只要在工作中有意识地锻炼,虚心向这些有经验的老校长学习,都可以提高组织能力和指挥能力。

4.要有相当的修养

一个真正有威信的校长,对于校风建设有着十分重要的意义。

一方面,一个真正有威信的校长的倡议由于得到信任而能迅速地变成群众的实际行动。反之,没有威信的校长单凭行政命令是做不到这一点的。

另一方面,学校里每天发生着一些社会性的问题,一些人与人的矛盾和冲突。有些问题虽与教育工作无直接关系,却与教育对象或教育者有关。此时,有威信的校长只要几句话,只要能坚定地表明一下态度,就能平息一场风波,而使当事者有所警悟。一个有威信的校长在做出决定之后,能得到群众的支持,产生舆论的力量;在经历失败之后,也容易取得群众的谅解,发挥有效的管理作用。

一个校长的威信高低的最重要的决定因素,还是校长自身的道德修养。道德品质的高尚低劣,对于校长树立威信起着直接的、决定性的作用。

(1) 要有为人师表的修养

校长要有高尚的道德品质,崇高的精神境界,才能为人师表。这种道德品质和精神境界是共产主义世界观的一种反映,不是一朝一夕能够形成的。所以,校长要自觉地通过社会观察和实践,通过自己的业务实践,通过学习理论思想来提升这方面的修养。许多老校长之所以能成为师生员工敬佩的人物、学习的榜样,同这方面的修养有很大的关系。

(2) 要有以身作则的修养

小到作息时间、生活细节,凡是要求师生员工遵守的,校长要带头遵守;凡是要求师生员工执行的,校长应该带头执行。这就叫以身作则。校长如果能做到在福利面前不向上伸手,不向下示意,不徇私舞弊,不争先恐后;在处理人、财、物时不拉关系,不开后门,不逢迎上级,也就做到了以身作则。缺乏实践经验和管理学校专长的校长应该清醒地意识到,权力在手不等于真理在手,校长虽然是学校的最高领导者,但并不代表校长的所有能力都达到了本校的最高水平;师生员工对校长的评价依据不是校长的宣言,而是校长的行动。所以,校长要真正成为师生员工可信赖的人,就要有以身作则的修养。

(3) 要有破旧创新的修养

随着管理体制改革的深入,教育改革也势在必行。可是,有些校长受传统观念的束缚,还看不到不少课程内容陈旧,教学方法死板,实践环节不被重视,学校的教学内容不能满足经济和社会发展的需要、落后于当代科学文化的发展这些问题。提升破旧创新的修养就成为校长的当务之急。提升这方面修养的根本在于校长应有多出人才、快出人才的责任感和紧迫感。如果有这样的责任感和紧迫感,校长就可以通过实践积累经验;如果没有这种责任感和紧迫感,校长就不能发挥应有的作用。

(4) 要有光明正大的修养

社会主义学校的校长本来就是光明正大的。尽管校长的水平有高低、能力有强弱,但都认为光明正大是理所当然的。自改革开放以来,在广大教育工作者的共同努力下,在形成良好校风的过程中,各校的校长都发挥了很大的作用。我国的知识分子是讲究道德品质的。光明正大是道德品质高尚的一种表现。所以可以信赖的校长都要有光明正大的修养。

(5) 要有平等待人的修养

校长应具有依靠教师办好学校的思想,在工作上与教师互相帮助、互相监督、互相批评、互相促进。校长既是教师的领导,又是教师的同志,也是教师的知心朋友。这样的校长,大都懂得教师心理和工作特点,尊重教师人格,尊重教师劳动,努力为教师创造提高教学质量的条件,而且在他们的职责范围内绝不允许任何人破坏党的知识分子政策,也不允许任何人干那种伤害教师自尊心的傻事、蠢事。"人之相知,贵在知心"。校长懂得教师的心理是充分发挥教师聪明才智的一个重要条件。有了这个条件，才能使教师鼓足干劲、力争上游。

(6) 要有科学管理的修养

现在办学校和以前不同。一切学校工作都应适应培养时代需要的人才的要求。而靠经验管理或行政管理，都不能适应这个要求。现在的校长要想有科学管理的本领，就要有科学管理的修养，要精通生产的一切条件，要懂得现代高水平的生产技术，要有一定的科学修养。科学修养是校长无论如何都应当具备的修养。现代社会的教学质量管理，比过去任何时候都艰巨复杂。所以，新校长、老校长都需要提升科学管理的修养，在现代管理科学的指导下进行管理，在管理的实践中加深对现代管理科学的理解，并熟练运用。这是当前提升这方面修养的主要途径。

3.校长队伍的建设

(1) 改革学校干部制度

我国应改革学校干部单一的任命制为任命、选举、招聘等多样化的制度，以适应时代发展的需要。

根据国务院对企业领导干部实行国家统一考试的决定，根据许多国家对校长实行考试制度的经验，根据我国进行教育体制改革和教学改革的需求可知，通过国家考试来选贤纳士是保证校长质量的一项重要措施。校长候选人必须通过国家统一考试，并取得考试合格证书，才能参加选举或招聘、接受任命。而且上任之前要同教育行政部门和本校教职工签订逐年提高教学质量的合同，并且在教育行政部门的领导下，在师生员工的监督下，履行义务和职责。

(2) 大力加强干部轮训工作

校长应让所有在编的工作人员都分期分批参加轮训。轮训以后，根据工作需要和实际考核，校长可以对他们的工作做出相应的调整。轮训干部是提高干部素质的一项重要措施。全体干部都要充分认识到现代化建设的需要，积极参加学习。

(3) 做好老干部的工作

校长应当创造条件，使年事已高的老校长既能解脱第一线工作的繁重负担，又能使他们的丰富经验在传帮带中继续发挥作用，使大批德才兼备、年富力强的中年干部，能够及时得到更多的实际有效的锻炼。新老干部的合作和交替问题，是关系社会主义事业的大事。我们应该以高度的革命事业心来完成这个历史任务。

（六）做好一支合格师资队伍的建设工作

教师是办好学校的主要依靠力量。建立一支有足够数量的、合格而稳定的师资队伍，是实行义务教育、提高教育质量的根本大计。

建设一支具有竞争力的高素质师资队伍，是保障高校教学质量的关键所在。因此，高校管理者必须全面提升师资队伍素质。此外，教学质量的提高与高校教学工作相关的所有人员都有着密切的联系，尤其是与教学管理队伍人员素质紧密相关。

师资队伍是一所大学的灵魂，决定了学校的教学质量、科研活动质量、人才培养质量和社会服务质量，是一所大学的生命所在。提高教学质量和办学效果的根本在于抓好教师队伍的建设。因为教学质量提升和师资队伍的建设之间存在着密不可分的关系。

1.处理好教师观念与教学质量之间的关系

教师的教学行为对教学质量有重要影响，教育理念又是决定教学行为的重要因素。所以，管理者应首先引导教师改变教学观念、抓好教学质量。解决好"教师观"和"学生观"这两个方面的问题，是转变教学观念的关键。

重新定位教师功能和角色是转变教师观的重要方式。教师的教学目标究竟是对知识进行讲解和传授，还是通过对学生的学习进行引导和促进，使学生的思维品质得到提升，是管理者必须深入思考的问题，更是原则上的问题。

在传统的教学观念中，教师最重要的任务就是向学生传授知识，但学生在学习的过程中，形成了思维上的依赖感，往往会直接获取教师提供的知识，自己几乎不思考，久而久之成了知识灌输的容器，而教师就成了知识的搬运工和讲解员。事实上，教师的角色是一个引领者，他们在学生的学习过程中起到引导、促进和帮助的作用。使学生学会学习、学会思考才是教师的教学目的。

当前的学生观主要强调的是在教学实践中尊重学生学习的个体差异，为学生学习能力的提高，找到科学合理的方式方法，并遵循学生的学习规律。教师只有转变之前不科学的学生观，才能真正确立学生学习的主体地位。

此外，教师的观念转变，一方面需要相关的理论指导，另一方面，需要教师不断地在自己的教学过程中进行反思，从而达到提高认识和转变观念的目的。

2.处理好课堂教学与教学质量的关系

教学质量管理工作必须深入教学第一线，否则教学质量管理工作就难以收到实效，管理者也难以和教师有深入的切磋和交流，难以进行切实有效的教学指导，或者只是凭借考试结果进行评价，因而难以保证教学的质量和效果。诚然，考试结果十分重要，但更重要的是过程。管理者应组织教师不断研究和解决教学过程中出现的问题。

同时，管理者要针对一些对教师教学行为带来干扰的、似是而非的模糊认识，引导教师结合自己的教学实践冷静地思考。

3.处理好教学方法与教学质量的关系

教学方法对教学质量有影响是毫无疑问的。良好的教学方法有利于学生在更短的时间内掌握知识的真谛，在相同的时间内掌握更多的知识或更深刻地理解所学的知识。相反，如果使用的教学方法不恰当，尽管教师十分努力，学生也付出了很多的精力，学生也无法有效地掌握所学知识，因而无法保障教学的质量。可见，探究教学方法在提高教学质量中十分重要。因此，管理者要积极鼓励和帮助教师设计出个性化的教学方法。总之，教学方法和教学成效之间存在着某种密切的联系。这就要求教师注重积累经验，注重分析这种相关性，注重确立检验成效的标准、内容和方法，通过考查学生自学能力，优化学生思维品质，切实保障学校工作的整体推进。

（七）做好稳定管理结构的工作

能量的大小代表着办事能力及其作用的大小。能量分级，就是按照能力大小，把人组织到相应的能级中去，使每个人都能发挥特长、做好工作。有的人能指挥千军万马，有条不紊；有的人只能组织几十个学生；有的人连几十个学生也组织不好。这是因为他们的组织能力有强有弱。有的人讲话内容充实，中心明确，条理清楚，引人入胜，不论上课、谈心、做报告都深受欢迎；有的人写文章晦涩难懂，作报告东拉西扯，语无伦次，而且总是老生常谈，人们就不欢迎。这就反映了人的思维能力、表达能力有强有弱。作为高校领导干部，其能力的强弱主要表现在贯彻党的教育方针、完成双重任务的过程和结果上。能力强的领导干部，在同类型的学校中，取得的办学成绩就比较好；能力弱的干部，在同类型的学校中，取得的办学成绩就比较差。但是在集体劳动中，能力大小及其作用和结果如何，与组织是否合理有密切关系。一个总能量低而组织合理的集体，比总能量高而组织混乱的集体办事效率高、办学质量好。在任何一个单位和学校中，管理能级都是不以人们的意志为转移而客观存在的。现代管理的任务就是要建立合理的能级，使管理的内容处于相应的能级中。在运用能级原理时，要注意以下几点。

1.必须按层次建立稳定的组织结构

现代管理不是随便分级的，各级也不是可以随意组合的。稳定的管理结构应当是正立的三角形。倒三角形、菱形之类的结构是不稳定的。从表面看，梯形是稳定的，但它实际上可以分解成许多三角形，其中必然有倒三角形，此结构必然是不稳定的。因此，只有按层次建立稳定的组织结构，才能将管理能级的作用发挥出来。

2.不同能级应有不同的职权

校长的职权大于教导主任，他的思想政治水平、教学水平和管理水平，就应当高于教导主任。教导主任相对于教师，也应是如此。如果学校出现了校长水平不如教导主任，教导主任不如教师的现象，就要研究改进，以免因此给党的教育事业造成损失。校长、教导主任和一般职员管理范围不同，内容不同，责任不同，权力大小和贡献大小不同，因而其所应得到的精神奖励和物质奖励也不应相同。这是学校体制改革应当考虑的一个因素。有效的管理不是拉平或消灭权力，也不是不要精神鼓励和物质奖励，而是根据不同的能级及其贡献，给予相应的职权，给予适当的职权，给予适当的精神鼓励和物质奖励。

3.做到人尽其才

各种管理岗位有不同的能级，人也有不同的才能。现代科学管理应当使具有相应德才的人处于相应的能级岗位，这就使人尽其才。指挥人才应具有高瞻远瞩的战略目光，出众的组织才能，能识人用人，多谋善断，能坚持党的基本路线，有强烈的革命事业心和政治责任感。反馈人才应该思维敏捷，见多识广，接受新鲜事物快，综合分析能力强，能如实反映情况。监督人才应该公道正派，铁面无私，直言不讳，能够坚持真理，没有权力欲望，熟悉业务，能够联系群众。执行人员要热爱教育事业，任劳任怨，埋头苦干。实行教学质量管理的学校校长的一个极为重要的任务，就是知人善任，做到人尽其才。要想真正做到这一步，就要具备相当的思想理论水平，就要有一定的人才学知识和现代科学管理知识。这是按照能级原理组成稳定的管理结构不可缺少的两个条件。

第二节 高校学生的管理创新

高校管理是构建高校诸多因素中的一个，且它所涉及的工作内容颇为广泛。随着社会经济的快速发展和信息时代的到来，我国许多高校的管理水平都显著提高了。但与此同时，它们也在接受着社会的监督和考验。高校学生管理的创新是很有必要的。

一、当前高校学生的特点

（一）思想认识多元化

1.坚定的理想信念

相关学者的调查数据统计结果表明，目前我国大学生在思想政治方面的状况总体来讲是积极的、健康的、向上的。不仅如此，大学生能够十分理性地看待国家在发展过程中所面临的问题、机遇，保持了较高的爱国热情，且对稳定的经济、政治局势的未来发展充满信心。

相关调查数据显示，大部分大学生对涉及民族尊严乃至国家根本利益的问题颇为关注。当今的大学生将自己的未来与国家发展联系在一起。这充分体现了当代大学生对国家未来发展的关注度，以及对祖国的热爱之情。

2. 务实进取，积极实现自我价值

就目前而言，务实进取、健康积极地学习和生活是大学生的主流价值观和人生观。他们注重自我价值的实现，且愿意为社会发展做出贡献，也愿意将社会贡献以及个人价值的实现统一起来。

大学生对价值的基本判断是大学生健康积极人生态度的一个表现途径。例如，在人与人之间的关系问题上，大部分学生对"利益最牢靠"这一观点持反对意见。除此之外，对于类似"帮助他人自己会吃亏"等观点，大部分大学生表示反对。从上述这些内容中就不难发现，当代大学生有着强烈的历史责任感，他们务实进取，极其渴望将自己的全部才华施展出来，为社会乃至国家贡献出自己的一份力量，且事实也证明了，大部分大学生在国家、集体、个人三者利益关系问题上选择了服从国家和集体的利益。

但需要注意的是，虽然健康向上的人生价值观是大学生目前的主流价值观，但由于部分大学生认为自我实现以及发展更为可贵，便呈现了其价值观、人生观多样化的特点。

3. 注重全面素质的提高

相关调查数据显示，当代大学生对学校建设以及相关发展都颇为关注，对于有利于自身发展或是能够提高自己在社会中的竞争力的改革更是高度重视。由此可见，大部分大学生是赞同深化教学改革、全面推进素质教育的。除此之外，大部分大学生对自主创业以及对毕业生就业制度的改革也持有肯定态度。相关调查结果显示，大学生一致认为，高校后勤社会化改革增强了其相关社会服务意识，并在一定程度上改善了学校的生活环境以及学习环境。

社会竞争越发激烈这一现实情况是身处校园的大学生所深知的。面对这样一种局面，大部分大学生希望通过不断学习来提升自身在社会中的竞争力，从而获取一个较高的就业起点，获得发展上的主动权。与此同时，大学生也深知，在竞争激烈的现实社会中，仅具备单一的专业知识是不可行的，自身除了具备相应且足够的专业知识和技能之外，还需要具备一些其他素质，也就是说，要提高自己的全面素质。

（二）性格特征复杂化

1. 心理及个性化发展的不协调性

目前大多数大学生都是独生子女，自我意识以及竞争意识较强是他们的显著特征之一。同时，他们还追求个性化的发展。也正因如此，目前大学生的自控能力相对较差，且团队协作精神以及集体主义观念也都相对较弱，心理素质不高。在该背景下，部分大学生很容易因环境不适、学习压力大、恋爱受挫、人际关系不协调以及就业压力等原因而产生心理障碍，从而对学习或是社会产生排斥心理。还有部分大学生并不了解社会竞争具有复杂性，而对学校和社会的期望值过高，以至于在现实情况达不到自己的期望时，便会产生强烈的挫败感。他们虽然具有较强的自我意识，但对实现自我价值的过程中可能会遇到的困难了解尚浅。

2.自主学习与专业成长的不协调性

大学生就像吸水的海绵一样，迫切想要了解新鲜事物，且乐于吸收多元化的新观念。他们有着较强的自主选择知识进行学习的欲望及要求，与此同时，对选择知识的目的性较以往相比也有所增强。但仅从该层面来看，大部分大学生只是对自己喜欢的或是眼前的一些热门事物比较关注，而对于自己的相关专业、知识、能力等方面的判断还会出现一定误差，且相对而言并没有什么更为长远的目标及要求。

（三）生活、学习方式多样化

1.生活方式多样化

生活方式指人们在衣、食、住、行以及民俗风气、爱好、文化活动等方面的行为习惯和方式。曾有相关人员对大学生生活方式相关内容进行过调查，其调查结果显示，每个大学生都有属于自己的生活方式，言外之意，每个学生的生活方式都有所不同。例如，有些学生经常旷课出去玩；有些学生把大量时间用在学习上；有些学生生活没有规律；有些学生喜欢结伴去旅行等。由此可见，当代大学生的生活方式趋于多样化。

除了性别、地域、个人爱好等不同的原因，大学生生活方式之所以呈现多样化还因为他们在经济状况上存在差异。相关调查数据显示，目前，我国在校贫困大学生比例接近30%，可以毫不夸张地说，我国几乎每所大学之中都会有贫困生的存在。而且，这些贫困生不仅来自偏远的农村，还有部分来自城镇，且已经占据了贫困生总人数的一半之多。这些贫困生大多来自经济条件相对较差的家庭，他们一般通过政府良好的政策以及"奖、贷、勤、补、减"五位一体的"联动助学"的机制获得资助来坚持完成学业。

2.学习方式多样化

由于大学各类活动颇多，且知识浩如烟海，因此为大学生的个人发展提供了十分广阔的天地。但运用什么样的学习方式才能将课本与课外知识有机结合起来，如何对专业学习能力进行培养和提高等问题，是大多数大学生所面临的一个重要问题。除了听课这一学习方式外，大学生还可以进行多媒体学习、学术交流以及社会实践等，来提高自己的专业技能以及拓宽自己的知识面。但实际上，上述这些学习方式在中小学时期也是可以的，只不过在大学中更容易被采用。曾有学者做过相关问卷调查，调查结果显示，有的大学生只会采用听教师讲课的方式进行学习，而有的大学生则可以灵活自如运用多种方式进行学习，还有一类大学生，马上面临毕业了，却还不知如何在校图书馆查阅各种资料。由此可见，大学生应当掌握多样学习方式进行学习。

实际上，大学生有多种学习和获取知识的方式和渠道，特别是随着素质教育的实行以及学分制的推行，大学生在自定目标、自选专业、自修课程以及自我发展意识方面的能力有所提高，特别是随着大学后勤服务社会化的不断完善以及大学生居住趋于公寓化，因学习、住宿而结识的大学生群体规模不断扩大，而以班集体为主的学生组织形式被逐渐弱化等。

二、高校学生管理的问题与原因分析

（一）高校学生管理的问题

1. 方法相对陈旧

到目前为止，高校学生管理仍然是向上汇报工作、向下传达精神的行政命令式管理。其中，院系学生会、团总支、班委会及宿管中心等，都对学生产生了直接影响。监督学生是否有违纪行为等，是这些组织的主要作用。一些做得不错的班委会还会组织一些娱乐活动等。由此可见，这些组织的本质并非用科学的方法来指导和帮助学生成才的，而是外部控制。这些组织并不能激发学生所具备的创造性，而主要是告诉学生"允许他们做什么""不允许他们做什么"。现在的高校管理模式并没有重视大学生自我教育以及管理能力的培养，以至于大部分大学生都没有培养和锻炼管理能力的机会，只有少数学生干部有这样的锻炼机会。但是，这些有锻炼机会的少数学生干部在组织实施过程中，也只是学会了监督控制罢了。除此之外，目前的高校学生工作围绕的中心是管理，而不是培养人。部分大学生的自我管理实际上都是自发的，其效果并不是很好，不能把学生所具备的潜能完全挖掘出来，因此并不能达到在减轻工作人员压力的同时培养学生的创新素质。

相关调查显示，目前大学生的自我教育观念相对薄弱，自我服务意识和管理能力不强；容易感情用事，不够冷静和理智；虽然有较强的可塑性，但是容易受外界因素干扰；在生活以及学习上缺少独立自主的精神，有较强的依赖性，不能在短时间内适应新环境及要求等。以上这些情况主要归因于我国高校对大学生自我教育和管理能力的培养不够重视。

（二）体制相对滞后

由于高校学生管理在不同的历史阶段有着不同的外部环境和影响因素，以至于其最终呈现出不同的组织结构和体制特征。

（1）分散管理

分散管理包括立体机构和实施系统。该时期的分散管理系统是非集中部门式管理，即权限分散在诸多部门，且其工作职能也由这些部门分别予以发挥。系总支负责系一级学生工作，负责设立年级辅导员以及班级辅导员岗位。辅导员需要负责学生所有的事务，但他们也只属于学校基层学生工作者。系一级组织在该时期具有较大管理权限，且其运行机制表现为"以块为主"。

（2）专兼管理

党总支副书记在校一级主要负责管理领导和管理学生，建立学生工作领导小组，以此来协调和指导全校学生工作。与此同时，各班级配班的辅导员一级班主任应当加强日常的管理工作以及思想教育工作。此时的高校内部已经逐渐形成了小具规模的学生工作网络和运营机制。这个学生工作网络和运营机制都需要有新的完整的学生管理系统来保障。而这个学生管理系统尚未完全被建成。

（二）高校学生管理存在问题的原因

1.教学管理制度改革扩大了学生的自主权

（1）陈旧的教学内容和方法不能满足学生的需求

由于学分制的实施，大学生拥有了更大的自主权。这种自主权的扩大尤其体现在学生对教师的选择上。这极大程度地推动了教学管理向多元化方向发展。

一成不变的教学内容和教学方法无法满足学生"选"的需要。为此，教师应当对自己的教学行为予以审视，转变自己固有的教育理念，并提高自主学习意识，定期更新自己的知识，最终能够充分满足学生的需求，并提高教学质量。

（2）学习由被动变为主动

毫不夸张地讲，使学生成为知识奴隶是传统教育的根本弊端所在。传统教育抑制了学生的个性发展，使其难以发挥潜在的创造力，因此会出现学而无用的情况。在学分制、主辅修制、弹性学制等相关教学管理制度改革后，学生终于掌握了学习的主动权，此时的学生不仅消除了对学习的厌恶感，还会把学习当成一件快乐的事情去做。这无疑使学生的个性得到了充分发挥。但事物往往具有双面性，教学管理制度的改革同时也给学生管理工作模式带来了新的挑战。

①载体发生了变化

在传统教学管理制度下，因为一个班的学生在一起上课，所以管理者管理起来十分方便。但在学分制模式下，一个班的学生很可能在同一时间上着不同的课程，且被分派到不同的教室。而新的教学管理制度与传统教学管理制度的区别在于，它在客观上造成了"同学不同班、同班不同学"的现象。在新教学管理制度背景下，传统的自然班级概念被淡化，而以班级作为学生工作核心载体的传统模式也随之发生了一系列变化。如，教学进度、课程设置、成绩管理、学籍管理、教材管理等诸多方面都发生了变化，由此可见，学生管理工作的难度系数增加了许多。

②管理对象呈现出新特点

随着新教学管理制度的实施，大学生有了更为良好且宽松的学习环境，除此之外，还拥有了展现自我的广阔空间。但就在学生个性化得以增强的同时，其团队精神以及集体意识被大大削弱。不仅如此，在高等教育普及的背景下，大学生的生源质量却没有呈现上升趋势。各种知识水平、思想层次、学习目标的学生都聚到了校园之中。这便会给学生管理工作带来更大、更复杂的问题。很明显，那些处于快速发展之中的高等学校并没有意识到这一点，同时也没有研究相应措施。

2.收费制度改革改变了学生与学校之间的关系

作为受教育者的大学生，长期以来都处于一种被管理的地位，而教育则被视为一种管理活动。与传统教育管理观念有所出入的是，新高等教育管理观念强调教育不仅仅是一种管理活动，同时也是一种消费。那么，既然是一种消费，师生之间也就不再是一种单一的教育者与受教育者的关系，更确切地说，应当是一种契约关系、合作关系。由此可见，师生在该新型关系之中是平等的。大学生在此关系之中对教育质量有了更高的要求，且迫切想要参与到学校建设和管理之中。不仅如此，大学生对自身权益的保护意识越发增强。而对于教师而言，其在整个教学过程中，都要维护学生（消费者）的合法权益。

但这种新观念显然没有被高校深入理解。受传统思想观念的干扰，高校管理者在思想以及行为上，都或多或少侵害到了学生的基本权益。他们认为，学校就应当管理学生，而学生也应当服从学校以及教师的安排。这种思想和行为忽视了学生的理性思维。也就是说，这种教育和管理给予了学生诸多限制，缺乏对西方文化的兼容性，限制了学生的自主能力以及自我管理能力。

同时，随着收费制度的改革不断深入，高校贫困生的人数在逐渐增多，他们成了高等教育不可忽视的一个特殊群体。尽管在贫困生中，"自信、自强、自立、自尊"精神的学生仍是大多数，但部分贫困生也由于经济困难而产生错误思想，进而做出种种不道德的甚至是违法的行为。而如今，贫困生问题已不仅仅是一个经济问题，更是一个政治性很强的问题，它关系到高校和社会的稳定，所以，贫困生问题也是高校管理中不可忽视的特殊群体问题。

3.高校后勤社会化改革引发了诸多问题

据相关报道，我国高校后勤社会化改革在近几年取得了空前绝后的进展，并积累了诸多宝贵经验，成了高等教育快速发展的有力保障。那么，什么是后勤社会化呢？它实际上主要通过分流的形式使高校的后勤服务融入社会主义市场经济体制之中，从而建立相关的市场化服务体系，使高校后勤服务发展成一个独立的高校后勤产业，同时推动学生管理工作的开展，导致了一些新情况出现。

其一，目前有许多学生都选择住在校外，呈现出大学生的成才环境社会化和生活社区化的新趋势。高校对大学生行为的约束力在极大程度上被削弱了。

其二，学生公寓在改革之后实行成本收费。这使大学生的生活条件和学习条件都得到了一定程度的改善，但削弱了大学生的劳动观念，且弱化了宿舍的育人功能。

其三，共同居住的学生群体相对而言规模较大。因此管理者在管理时会比较吃力一些。就目前而言，已经陆续发生了一些问题。

上述这三点只是诸多新情况中的一部分，因此高校应当予以高度重视。争取在短时间内建立一个相对科学、健全、切实可行的管理制度，对高校学生管理工作来说，无疑是一个新考验。

4.就业形势严峻给学生管理工作带来冲击

随着科技、经济的不断发展，我国高校毕业生的就业制度也随之不断改革和完善。特别是毕业生就业市场体制的确立，为诸多大学生提供了施展才华以及公平竞争的机会，但也正因如此，部分毕业生也同时被残酷而严峻的就业形势所困扰。

目前，我国的各大高等院校对外实施扩招。这种行为使毕业生与就业之间的供求矛盾更为突出。相关调查结果显示，与市场需求不对口的高校毕业生的就业率极低。部分学生在这种就业形势下，会迷茫，不知道要如何选择，甚至有些学生还会对择业产生恐惧和烦躁的心理。所以，现在很多本科高校学生会专门留出一年的时间（大学最后一年）去找工作，而专科高校学生则会专门留出半年的时间（专科最后半年时间）去找工作。那么问题就来了，即教学质量无法得到保证。

且不说如此，每个学生由于自身的实际情况不同，也会做出不同的选择。部分学生已经找到了相对稳定的工作，并愿意在该单位上班；还有一些学生则不想马上成为上班族，他们还想继续学习深造，向着更高层次的学历迈进；除此之外，还有一部分学生既不想继续学习深造，又没有找到适合自己的工作，整天四处奔波。就上述这些情况而言，我们不难看出，毕业生犹如一盘散沙。这无疑为大学生管理工作增加了难度。同时，就业困难也逐渐成了部分大学生厌学甚至做出其他不良行为的诱因之一。

三、高校学生管理的改进对策

（一）明确管理目标

1.让学生形成正确积极心态

俗话说"心态决定一切"。仔细想想，这句话并非空穴来风。大学生是祖国的未来和希望，应当具有社会责任感。但当今大学生多为独生子女，他们终日被网络信息包围，虽然没有体验过父辈的艰辛，但是，他们比父辈更为理性。因为，他们清楚知道，没有付出就很难有回报。

仅凭教育是不能改变现状的。高校还要鼓励大学生积极参加多样化的社会实践活动，帮助他们认清并接受社会，并对这个社会产生爱意，让他们自愿为社会做出贡献，使他们对"国家兴亡，匹夫有责"有更为深入的了解，要让他们学会理性思考，而非绝对服从。

2.兼容中西方优秀文化，培养学生的良好品行

中西方文化都属于现代文明的宝贵财富，它们并非对立的。当代大学生多是受到老一辈人宠爱的，因此难免会表现出自私的一面。所以培养他们的团队合作能力是有必要的，培养他们的付出心态也是有必要的。高校要引导大学生做一个集尊老爱幼、文明礼貌于一身的品行良好的人。同时，高校还应当对西方文化"取其精华，去其糟粕"，与我国文化进行适宜的结合，从而推动我国文化的发展。

3.培养学生模仿性意识与能力

这也是我们目前的基本国策，先引入西方先进理念和技术，而后进行消化，最后对其进行完善和提高。实施这一国策的主要原因是，我国目前与发达国家还有一定差距。如果我国从零开始研发一个事物，那么将会耗费双倍时间。因此，高校应当对大学生模仿性创造意识与能力予以培养。

（二）树立科学管理理念

1.管理必须以学生为中心

（1）强调人的主体性

其一，我们都知道，人作为活动主体的质的规定性是人的主体性。它是人类在认识并对外部世界和自身进行改造的过程中所表现出来的自主性、主动性以及创造性。就此观点而言，在学生管理工作中，大学生既可以被视为管理的主体，又可以被视为管理的客体。这是因为高校学生管理的本质是对大学生进行相应的管理。而仅从管理的决策、组织实施、最终目标的实现来看，都需要大学生的参与。如果在管理的过程中没有大学生的参与，那么该管理工作可以说是毫无意义的。由此我们可以理解为，大学生是高校管理工作中的主体。

其二，在高校学生管理工作中，学生是被管理者。这是因为在管理过程中，大学生需要管理者的相关引导。如果仅从该方面来讲，那么大学生便无疑是管理的客体。

由此可知，大学生既是高校学生管理工作的主体，又是高校学生管理工作的客体。简言之，在高校学生管理工作中确立"以大学生为中心"的思想是十分必要的，同时也是十分重要的。因为这一活动的实施归根结底是为了更好地服务于大学生。所以相关人员有必要尊重大学生的人格特点，并最大限度激发出学生所具备的主动性与创造性，使其能够主动接受管理，并以主体的姿态参与到自我管理活动之中。

（2）注重人的主观特性

人是具有思想感情的。这一点毋庸置疑，人的认识过程相对而言是一个较为复杂的系统。理性思维是建立在欲望以及情感的主观性层面上的。正如俗话所说的，"理乃情之所系"。从这一点不难看出，人的欲望以及情感和基本要求是它的根本动力。如果人类的情感以及非理性本能要求被长时期压制的话，就不会有什么所谓的理性之光的存在。

相关心理学家的研究表明，人与人之间必须具备一定的心理基础，才能进行相关信息的交流与传递。如果相互交流的教育者与受教育者之间是建立在信任的心理基础之上的，那么受教育者便会很愿意以及顺畅地接受教育者所发出的信息以及目标要求，且受教育者在此过程中会产生积极的行为效应。

高校学生管理者和大学生是组成高校学生管理工作的两个重要组成部分。简言之，他们是由"人——人"构成的管理系统。在整个管理过程中，如果不渗透"人性"，如果不对师生情感加以重视，那么就很难调动起大学生的积极性和主动性。所以，要消除管理制度中的冷漠性，就需要加入情感因素，使其作为润滑剂，从而提高管理的效果。

所谓情感管理，即管理者在管理过程中，尊重人的个性特点，以及考虑人的情感因素。在学校中，情感管理强调教师与学生之间的双向情感交流，反对和防止任何践踏和伤害学生情感的管理行为。要做到"以情感人"，相关管理者就要在办事过程中做到急学生之所急，想学生之所想，真心实意地为学生服务；除此之外，还应当及时与学生进行沟通，争取在短时间内对学生的实际情况有所了解，从而有针对性地给予帮助和引导，从而达到最终的教育管理目的。

（3）尊重人的个体多样化

①市场经济中有一个颇为重要的理念，即"客户不一定对，但是，客户很重要"。我们都知道，学生是学校的主体。这是不可否认的事实。因此学校应当以学生为中心。如果将上述所说的市场经济重要理念与学校教育结合起来，那么便可

以得出"学生不一定都对,但是,学生很重要"这样一个理念。

当相关管理者认清并接受了这个理念之后,就一定能做好学生管理工作。师生之间的关系应当是和谐的,而不应当是对立的。教育与被教育之间的关系也是相辅相成的。因此,各高校定期举办师生交流活动是很有必要的。因为,学生在接受教师教育的同时,也对教师产生了一定的影响;而教师在教育学生的同时,也在接受教育。

②学生管理工作应当重在服务。服务是高尚的,是相互的。可以说,每个人都是服务的对象。因为如果没有了服务的对象,那么我们的工作也就失去了意义。"以人为本"是切实的。相关管理者不应当只将之作为口号喊喊便不了了之。

③强调自我管理模式。该管理模式主要指的是学生在学校的正确指导下,运用现代科学的管理方法,根据学校教育的培养目标要求以及教育目标对自己的行为以及思想进行自我调控。

要知道,激发学生的主动性、创造性和积极性是高校学生管理工作的重要目的之一。从多个角度来讲,高校管理的主客体具有相同的目标,即学生希望自己能够成才,管理者希望培养出优秀的学生。

那么,在信息、经济和科技发展迅猛的时代里,学生管理工作应当向学生自主管理转变,以便更好地适应新情况、新形势。在此过程中,学校管理者要让学生了解学校的管理目标,从而消除学生在被管理的过程中所产生的对抗以及消极思想,从真正意义上化管理为大学生的自觉行为。从心理学角度来说,没有谁喜欢被他人管理,人们往往可以接受领袖、接受楷模的影响,但很难接受管理。学校管理者在学生的自我管理过程中应该做到以下几点。

其一,让学生自己设定管理规范。因为这样在执行的过程中,他们的自觉性会更强。

其二,少一些限制,多一些自由;少一些制度,多一些文化。

其三,使学生主动参与到学生管理之中,并使其在该过程中充分发挥自己各方面的潜能,锻炼自己,同时约束自己的行为,最终成为具有健全人格的、符合社会主义公民标准的人才。每一个学生都应有管理他人的机会。这样可以提高学生之间的理解以及沟通能力,同时发现更多的人才。但需要注意的是,在强化学生自我管理的同时,不要忘记帮助学生寻求及明确自我管理的最终目的和意义,引导学生正确运用自我管理的方法。

④以表扬为主,建立激励机制。该方法主要是通过对学生的动机进行激发,并且引导学生的行为,最终使其能够将内在潜力最大限度地发挥出来,从而实现自己制定的目标。常用的激励方法有以下几种。

其一,目标激励法。该方法主要可以增强学生的责任感。在激励的过程中,通过对学生制定各种目标来引导他们不断朝着目标奋进，使他们在学习工作方面有奔头。

其二，信息激励法。这种方法主要使学生产生危机感，使其在学习和工作过程中有适度的紧迫感。这种方法主要是通过交流与反馈学生信息来达到使其奔着目标前进的目的。

其三，理想激励法。这种方法主要可以增强学生的自豪感，使学生朝着自己的理想奋进，实现自己的价值，努力、积极地去面对生活、学习和工作等。

其四，精神激励法。这种方法主要通过授予或者表扬的形式，使学生不断前行，但该种激励方法主要是从大学生的文化精神生活方面出发的。

其五，物质激励法。这种方法主要可以调动起学生的积极性，通过一些物质奖励来满足于大学生的日常生活需要。

2.以引导替代限制

在社会快速发展的过程中，不管是自然科学还是社会科学，都出现了诸多新问题。面对这些问题，不论是学生，还是教师，都会感到不同程度的困惑。这便说明了人们不能简单地给予某些事物绝对的肯定或者否定。

相关实践证明，管理者要善待少数人，因为他们手里往往握着真理。针对那些一时不能解决的问题，先不要去下定义或结论，尤其是对于学生创意有关的事物。管理者需要做到的只是告诉学生什么是不可以做的，什么是可以做的，什么是底线等。

对于一些思维比较活跃的学生，管理者不应当去责罚或歧视，而是应当加以引导。师生之间也应当建立起相对和谐、良好的关系，心平气和地进行沟通，相互之间进行平等交流和互动。

三、完善学生管理体制

其一，不断加强和完善学生的工作机构建设，同时强化其组织协调功能；进一步梳理学生管理系统的各部门以及层次、岗位职责等，做到各岗位人、责、权的统一。

其二，促进基层作用的发挥，适当放权。与传统高校管理体制有所不同，当前的高校管理体制担负了双重任务，即对学生进行思想教育和行政管理，且该双重任务主要以校、系两级职责分明、条块结合的学生工作运行机制和网络为显著特征。所以，基于该层面，各系应当具有开展学生管理工作的职责和权力，还应当做到责权统一。也就是说，要想便于及时发现并解决问题，高校就要适当下放管理权给系。这对于管理工作效率的提高也是有所帮助的。

其三，在适应学分制的同时，推行和实施年级辅导制。这主要是为了进一步强化以系为单位的年级管理，从而提高专业教学与班级管理间的融合度。但需要说明的一点是，上述这种做法并不意味着对班级管理的否定，因为基于学分制的学生班级实质上还是相对重要的学生单元组合，因此应当被纳入学生管理体制中。

经过对传统高校学生管理体制以及当前高校学生管理体制的深入研究，相关学者认为建立"精而专"的学生教育管理部可以改善学生管理体制。高校有责任和义务担起我国社会主义建设的重任，并培养新一代现代科学技术的传承者和创造者。

我国目前的高校学生管理实行的是党政合一、纵横联合、条块结合、两极运行的管理体制。从某种层面来讲，该体制不仅观念过于陈旧，而且其效率较低，整体的管理模式单一。因此，将陈旧的分散式管理转变为集中管理，也就是"精而专"的管理，才能更好地确保思想教育计划的顺利实施。

目前，从宏观上来看，要建立一个"精而专"模式，就需要设立一个学生教育管理部，简言之，把各个部门兼职管理的学生事务交给学生工作管理系统来处理。简单来讲，这种管理体制的结构实际上是对目前学生管理机制的分化和整合。

从某种角度上来讲，将"专兼管理"这种间接管理的模式转变为"精而专"的直接管理的模式，能在一定程度上起到积极的作用。一方面，它有利于组建专业学生工作队伍，取消系一级对学生管理的中间环节，形成畅通的信息渠道，从而提高整体工作效率；另一方面，它将"小而全"转变为"精而专"，可以使学生管理工作形成一个相对专一的学生工作体系。

除此之外，高校学生教育管理部还有以下几点作用。

其一，随着科技、经济、信息的不断发展，高校学生教育管理工作也在发生着巨大的变化。由于它所涉及的内容十分广泛，也就决定了它的内容相对复杂。学生教育管理部的出现，使招生、奖惩、勤工助学、心理咨询以及就业等一条龙服务得以顺利实现，为大学生的健康成长，以及未来的就业提供了较好的服务保障。由此可见，它使学生服务体系更为完善。

其二，高校学生教育管理部的出现，减少了诸多中间环节，摆脱了复杂局面，使工作更加迅捷有效，且不说如此，高校学生教育管理部具有一致的工作目标，而且其工作具有专一性和稳定性，这便为高校学生管理奠定了专业化基础。除此之外，各系在该体制下不再对学生进行管理，各系的领导便可主抓教学改革，从而使高校的整体教学质量有一个质的飞跃。由此可见，它能在一定程度上推动学生教育管理工作向着专业化以及科学化的方向发展。

其三，高校学生教育管理部的出现，使全体学生管理干部一并进行统一管理。这使相关人员的属性趋于一致，为高校学生管理干部素质的提高提供了有利条件。除此之外，这种相对集中的管理，对于日常的工作安排而言也是极为方便合理的。

由此可见，它能够在极大程度上提高工作效率。

（四）健全学生管理制度

1. 依法制定相关制度

在对大学生进行管理的过程中，高校应当根据相关法律来制定并实施各种规章制度；除此之外，还应当对现有的一些规章制度进行完善或者必要的清理。高校应当保留和继承之前有效的改革成果以及方法，摒弃那些无效或是效果不佳的方法，同时，还要使制度与当代社会法制以及依法治校原则的要求相符。最重要的一点是要使学生享有合法权益。这样才能切实体现出规章制度的存在和价值。

2. 更正错误观念

将法律视为一种手段和工具，然后用它来处理一切事情或者治理学校的这种观念是片面的。部分学校总是把法制化管理错误理解为"以法治校，以法代管"。要知道，这里所指代的"管理"并不是管制的意思，而是管理与服务的统一。在管理学校的过程中，管理者应当时刻将法律作为最高权威和依据。因为法律不仅具有预防、警戒和惩罚违法行为的基本功能，而且具有指引、评价和预测人们行为，保护、奖励合法行为，以及思想教育的基本功能。

（五）改进学生管理方式

1. 学生管理工作进网络

（1）加强思想教育

提高大学生自控能力是有必要的。高校应当定期举办一些关于网络知识以及心理方面的讲座，针对学生上网问题，向学生进行正反两个方面的思想教育，从而使学生形成责任意识，让他们懂得分辨健康与非健康的相关信息内容，增强他们分辨是非的能力。

（2）加强网络管理

第一，各大高校应当从校园网主页的质量方面入手，严格入网要求。

第二，各大高校应当与校园外界网吧进行联系，防止有害信息入侵。

第三，各大高校应严格控制学生上网时间，确保其不会因熬夜过度疲劳而影响身心健康。

（3）鼓励和引导大学生参加健康活动

经历过高考之后，大部分学生都会感觉大学相对自由，且在课程时间安排上比较宽裕，那么，就会有诸多闲暇时间。高校应当充分利用这些闲暇时间，开展一些健康向上的活动，如计算机比赛、古诗词朗诵大赛、校园歌手大赛等，并鼓励和引导学生参与活动，使学生在闲暇时间既能放松心情，又能得到各方面的锻炼。

2.学生管理工作进社团

(1) 提高校园社团文化的活动层次

目前,我国在建设校园社团文化的过程中,出现了"三多三少"现象:社团名目多,但具有吸引力的少;娱乐型内容较多,涉及思考以及启发型的内容相对较少;校园内部的活动颇多,但真正能够拿出去的东西少之又少。

造成上述这种现象的原因主要是校园社团文化活动层次普遍较低,所以加强校园文化建设是有必要的。高校应当使其更符合大学生现阶段的理解和欣赏水平。

(2) 加强对学生社团的管理

其一,学生社团应当在法律和校园规范内活动,应当服从学校的各项管理规定。

其二,当学校社团需要邀请校外人员举行相关学术或社会政治活动时,应当经过校方同意。

其三,学生社团内创办的面向校内的刊物,须经学校批准,并接受学校管理。

(3) 重视文化活动的长期性与实效性

部分高校只有在一些重要节日时才举办相关活动,在其他时间举办的活动次数屈指可数。这种只追求轰动效应的行为,是不能在真正意义上使学生从中受益的,且这种行为也不符合当今教育的要求。各高校应当减少或避免这种现象的发生。由此可见,各大高校应当重视开展校园文化活动的实效性以及长期性。

(二) 依法治校,实现高校学生管理模式的法治化

1.高校学生管理模式法治化的必要性和紧迫性

(1) 依法治国的重要组成部分

在我国的社会主义民主和法制建设进程中,最为重要的一个环节就是建设社会主义法治国家,即依法治国。要将当前社会的各种关系纳入"法治"的范畴,也就是所谓的实现全面的依法治国,一方面,由"人治单元"来构成的"法治社会",可以说是不可想象的;另一方面,法治社会也必然存在着对其构成部分的某种客观要求,也就是指法治社会与其构成部分之间是存在着互动关系的。在依法治国的大环境背景影响下,学生与高校之间的关系也发生了变化,首先,过去,国家拨款是我国高等学校运行经费的来源,而高校管理者的管理权则是行政权力的一部分。尽管在宏观视角下,国家行政权来自人民公意,但实际上,学校与学生之间的关系,具体来说是纵向的服从与被服从的一种关系。其次,1997年以后,在高校全部实行并轨招生制度的状况下,学校与学生之间的关系逐渐转变为契约关系。这一关系在学生方面表现为自费就学,自主择业;在学校方面表现为收取费用,提供服务。相应地,管理者的管理活动则转变为依据契约而展开的管理活

动。在这种状况下的高校学生管理工作中,学校更多的是作为民事主体。尽管其中也存在着以社会公益目的而展开的公法授权行为。但是,毋庸置疑的是,学校的管理活动必须被纳入"法治"轨道。

高校学生管理模式法治化,可以说是高校社会主义办学方向基于自身需求而产生的要求。高校不仅是社区、社会生活的重要场所,还是科技、文化的重要辐射源,直接影响着整个社会的法治化建设。作为党和国家重要的治国方针,依法治国以及建设社会主义法治国家,除了要求有一个相对完备的法律体系,更为重要的是,要求全体公民不仅要具有较强的法律意识,还要具有良好的法律素养。

高校为我国经济和社会发展,培养出了一批又一批的高素质人才。这些人才所具有的法律意识和法制观念,直接影响着他们在未来的社会生活中是否能够形成一种符合法律规范要求的行为方式,可以说,直接关系着国家事业的成败。此外,大学生在社会中的言行举止,将会产生较大的影响和示范作用。这就要求高校不断提高学生在学习、生活中方方面面的素质,养成一种遵纪守法的良好习惯。这一举措对全社会的法制化发展,有着极为重要的推动作用。

2.培养创新人才的必然要求

高校的管理环境为创新人才的成长提供了肥沃的土壤。一个公平、有秩序的法治环境,能够使人挖掘自己的创造潜能。有些人认为高校学生管理模式法治化,是给高校加上一些条条框框,是限制创造性发挥的行为。这无疑是对法治的误解。

在高校中创造出一个公平竞争的环境,可以为创新提供有力的保障,只有这样才能充分保护学生的创新积极性。努力拼搏致力于创新的学生无法获得回报,以及一些学生以不正当手段的取得和另一些学生通过努力奋斗取得的成果一样,都会伤害学生的创新积极性。高校可以说是学生踏入社会的第一步,学生在高校内所获得的社会经验,将会对其今后的社会生活有着十分重大的影响。如果高校管理无法在制度上保障学生的权利,使学生在一个不公平的环境中进行竞争,就会对学生的创造力产生不可估量的影响。可见,为使高校培养创新人才的目标得以实现,就必须使高校学生管理模式法治化。

2.法治的主要内涵和目标

(1)法治的主要内涵

①"法治"不同于"法制"

从含义层面来看,法治是指遵守法律,依法办事的原则,而法制是指一定范围内的法律制度或法律上层建筑系统。法治是指使用法律和法律制度进行治理,是功能要求和动态过程的法制,是一种系统,包含法制。

②"法治"是指"依法"管理

法治是要将法作为学生管理的最高权威,而不是"以法管理"。高校管理者不能单纯地将法律作为管理学生的手段和工具，否则将会在管理过程中受到法律工具主义的干扰。在某种方面，法治需要公平合理地分配权利、义务、权力、责任等内容。

在法治系统中，权力是一个重要因素。权力的权威性非常大，可能会产生以下两方面影响。一方面，权力的权威性会为人民和社会带来利益。法治要对社会秩序进行建构首先需要的就是权力的权威性这一条件。另一方面，权力的权威性会为人民和社会带来的危害。这就需要法治对其进行必要的约束。权力需要实现制度化和法律化。

（2）法治的目的

以法律的形式对权利和自由进行合理分配是法治的目的。权利的制度化是指将社会中的权利要求转化为法定权利。现代社会是在商品市场经济高度发展的基础上产生的。在这种经济条件下，物质利益关系和平等交换关系是社会关系的主要体现。因此，人们要追求利益和平等的权利。要保证人们能够实现自身的权利。现代社会中存在各个方面的利益冲突，不同的人有不同的利益需求。这就需要通过法律对这些利益冲突进行调节，通过法律将权利制度化，进而保障人民的权利。

权利的制度化主要体现在两方面，一是有关权利主体的制度，主要是对权利主体地位做出有关规定，对权利、义务做出具体规定。权利需要有限定范围，行使权利绝对化可能会侵犯他人的权利，因此，法律除了要规定权利，还需要对义务也做出规定，权利主体不仅享有法律规定的权利的也需要承担法律规定的义务；二是有关权利实现的制度，即法治的实际目标是使法律规定的权利转变为实际的权利。

3.实现高校学生管理模式法治化的有效途径

要想实现高校学生管理模式法治化，首先，需要加快高校学生管理工作法制化进程。长时间以来，高校倡导的教育理念是教育道德化。在实际的教育过程中，高校对学生的权利做出了规定和限制，但法律规范不足。在法治的前提下，学生和学校之间的关系是权利和义务的关系。因此，教育关系也属于法律关系，学校需要履行其法律规定的义务，尊重法律赋予学生的合法权益。其次，高校需要建立正当的管理程序。在实际的高校管理过程中，必要的程序能够促进法制化的实现。

最后，高校需要形成合理的学生管理评价体系和学生权益救济机制，从而保证学生管理法制化的实现。高校要根据法律要求和规范学生，尤其是在处分学生的问题上，不能根据思想道德标准对学生进行处分。高校在处分学生的过程中要根据事实，使用正当的程序，对学生的问题进行准确定位。在这个问题上，高校要对有问题的学生进行积极的引导，在对学生进行处分的过程中，要对学生进行思想政治教育，充分挖掘学生的潜能，尽量让学生学会自我教育，培养学生的责任感；在处分完学生后要做好后续的管理和教育，关怀学生，为学生的发展提供良好的环境。此外，学生的管理评价体系还要彰显出公平正义。①

---

① 郭晓雯.高校教育教学管理创新发展研究［M］.北京：北京工业大学出版社，2019.

第七章　创新思维教育教学的课程内容管理

第一节　课程与高校课程

一、课程及课程管理

（一）课程

1.课程内涵

课程作为教育教学的中心环节，一直备受国内外学者关注，学术界对课程的定义众说纷纭，主要的课程内涵有如下观点。

（1）我国的"课程"这一词由唐代孔颖达最先提出，他在《诗经》注释中所说的"维护课程，必君子监之，乃依法制"，意指礼仪活动的相关程式。

（2）课程是指学生在学校获得的包括教学活动、教学进程、学科设置、课外活动以及校园文化在内的全部经验；也指一切有规定数量和内容的工作或学习进程。

（3）课程最根本的内涵是知识组织，课程就是知识体，"教学内容经组织后所形成的每个'知识体'就是一门课程"。

总结说来，广义的课程即指学生在校内习得的包括教育教学和课内课外活动、学习氛围和学校背景环境在内的所有经验，狭义的课程则专指与教学活动有关的学科及其关联活动的总和。

2.课程结构

这是"课程内部各要素、各成分、各部门之间合乎规律的组织形式"。课程结构作为课程实施过程中的纽带，存在于课程活动的各个环节，主要表现为宏观结构与微观结构两大类：宏观指的是课程总体设计的结构；微观结构则包括课程实施过程中各要素与成分之间的整体组合关系。在相关研究领域中，学者们多倾向于课程微观结构的研究。例如美国著名教育家布鲁纳和施瓦布都曾对课程结构进行研究。其中，布鲁纳的结构主义学科理论就更加倾向于研究微观的课程结构，也就是课程的内在结构。布鲁纳认为，结构主义体现在学科中主要是用于支撑相应的定义原理和规律方法，并能够展现出其相互作用的内在逻辑机制。施瓦布同样专注于课程微观结构的分析，他的观点也与布鲁纳较为相似，不同的是施瓦布更加深入地研究了学科结构主义的本质，揭示了其内在的层次结构。

3.课程特征

课程是学校教育的组成部分，更是连接学校教育与社会需求的枢纽，反映社会各种需求的课程以知识形式付诸教学实践时，一般呈现出以下特点。

（1）课程是经过社会选择所呈现出的社会共同意志的体现。即课程所包含的内容实际上是以社会的政治、经济和文化制度为依据，以学校教学宗旨为依托的。也就是说，学校在设定课程内容时需要考虑社会各方面的需求。

（2）课程是具有合理逻辑组织的完整体系。即课程的构成要素包括课程目标的设定、课程内容的设置、课程设计的编制、课程实施的组织和课程评价的制定等，是一个完整的作用体系，各个要素之间需要相互协调、科学运作。

（3）课程是以既定、先验和静态的方式存在的。其中，"既定"即已经存在的，"先验"即先于经验的，"静态"即相对静止的状态，换言之，课程就是先于经验而存在的一种相对静止的知识产物。

（4）课程是学习者所追求的高于自身知识的一种外在经验。即课程是外在于学习者并需要学习者通过不同途径去参与和获得的。

4.课程分类

课程分类是根据不同的分类依据将课程加以区分，形成不同形态的课程的过程。其中，两种最根本的课程类型就是学科课程和活动课程，但随着课程理论的完善，逐渐衍生出一种新的课程形式——核心课程。至此，形成了包括学科课程、核心课程和活动课程在内的基本课程分类体系。其中，学科课程主张以学科为中心，核心课程主张以学生的活动行为为中心，活动课程主张以学生本身为中心。除此之外，依据课程的本质属性，课程可有经验课程和学科课程之分；依据课程的实施形式，可分为综合课程和学科课程两类；依据课程的重要程度，可分为必修和选修课程两类；依据课程的组织和管理机构不同，可分为国家课程、地方课程和校本课程三类。

（二）课程管理

课程管理作为学校教学建设的重中之重，主要分为课程建设与教学建设两大部分。

1.课程建设的主要环节与内容

课程建设主要探讨课程应该"教什么"，具体包括以下五个环节。

（1）课程目标

课程目标作为教育目标的直观表现形式，为课程建设的最终实现做好了前提铺垫。课程目标在课程建设过程中发挥着重要的功能和作用，首要的就是其导向和评价功能，除此之外还有调节和中介的作用。首先，课程目标具有导向性，它为课程的内容、设计、实施和评价等课程的其他几个环节确立了基本方向；其次，课程目标具有评价性，是评价其他几项工作合理、标准与否的有效依据，也是测验预期目标能否完成的根本范式。

（2）课程内容

课程目标是课程建设的中心要素，也是保障课程目标完成的最关键要素。近些年有关课程内容的研究主要体现出三种观点："教材中心论""经验中心论""活动中心论"，分别主张以"学科教材""学生经验"和"学习活动"为中心设置课程内容。此三种课程内容观点虽然各有利弊，但在课程实施过程中若能将三者相互联系、融合运用，将会是一种新的尝试。

（3）课程设计

狭义的课程设计是指通过设计将课程内容的各个组成要素连接成一个整体，进而形成具体的课程实施结构，达成课程目标；广义的课程设计则在狭义的基础上，还包括分析课程主体、课程客体，研究课程各个构成环节之间的相互作用模式等。此外，还有学者从微观、中观和宏观的角度分别对课程设计进行区分和研究。不同视角、不同层次的课程设计有不同的主体和受体。

（4）课程实施

目前"课程实施"尚未有统一的界定，但主要有两种学者们较为认可的观点：①认为课程实施是"一个具体课程方案的施行落实"，是将课程实施当作是固定不变的执行活动，多用于由上级到下级实行课程改革或课程进度推进；②认为课程实施是"把一项课程落实到实际操作的过程"，是一个动态的、随课堂实施过程中因改革变化而变化的过程，适用于不同地区根据地域需求进行的课程改革实施。考虑到实际状况，课程实施是指不同地域根据本地区的教育需求和培养目标进行的课程实施或课程建设过程。

（5）课程评价

这是指"依据课程的实施可能性、有效性及其教育价值，可以做出价值判断的'证据的搜集与提供'",主要包含两个方面的内容——"教育过程是校内的计划与组织的判断决策和学生的学习成果的判断"。换言之,课程评价即根据课程的实施与结果研究课程价值的过程。通过课程评价不仅可以了解和掌握学生的经验习得情况,更重要的是还可以获悉课程实施过程中课程建设各要素的发挥情况,进而为课程目标的实现和课程建设的优化提供真实的反馈信息,以及时进行调整与改进。

2.教学建设的主要环节与内容

教学建设主要探讨"如何教"的问题,一般来说,教学建设应该包括五个方面的环节与内容:即理论基础、教学目标、操作程序、实现条件与教学评价。与上述课程建设相对应,将在以上五个环节要素的基础上研究教学目标、教学内容、教学实施、教学设计与教学评价五个方面的内容。

(1)教学目标

这是指教学活动开始之前所预先设想实现的教学效果,是对学习者将要产生的学习效果的预先猜测和假设。教学目标作为教学建设的首要环节,对教学内容、教学目标等其他环节具有控制和指导的作用。泰勒原理就曾指出教学的目标与内容和评价之间的作用关系,认为教学目标是教学内容选择和教学其他环节实施的根本依据。因此,教学目标的差异直接导致了教学模式的差异,教学模式始终为教学目标而服务。

(2)教学内容

这是指"教学过程中同师生发生交互作用、服务于教学目的达成的动态生成的素材及信息"。教学内容涵盖了教学过程中"教"与"学"之间彼此互动和作用所产生的全部信息,除了教材与课程的内容,还包括学校所要教授给学生的知识技能、传递给学生的思想观念和监督学生的行为习惯等,即生成性教学内容。教学内容即指学校为学生提供的一切用来满足学生学习需求的有形或无形的教学资源等。

(3)教学设计

国外对教学设计概念的界定主要包括系统课程观、科学技能观、"最优处方"观等观点,国内则提出了"过程——程序"说、"解决问题"说、"技术"说等不同的说法。纵观国内外学者的观点,认为教学设计是以教学目标为准则,针对教学对象所确定的合理有序的教学安排,其中包括教学建设各要素的安排与教学实施的设计等环节的系统化过程。教学设计可以由大到小针对不同的学段、学年、学期、单元、课时甚至一个片段,也可具体指某一课时或教学片段的设计。

(4)教学实施

有关教学实施的概念,目前尚未有统一的界定,但从另一个角度来看,教学设计关注的是如何提供一个教学活动整体安排的方案，那么教学实施则是如何将这样的教学方案进行实际执行和操作。这个"如何做"既要满足教学活动中的教学目标、内容与对象的要求，又要考虑教学环境的差异性与可能性，比起教学的详细施行办法要更加复杂化。教学实施作为整个教学系统运作的核心环节，其执行与落实情况直接决定了教学目标的实现与否，因此，要更加深入地研究和探讨。

（5）教学评价

一般来说，对"教学评价"的定义分为广义与狭义两种观点。广义的教学评价是指"对一切影响教学活动因素的评价"，是指运用科学的方式，以合理的评价标准和指标为依据对整个教学活动产生的实际教学效果所做出的价值判断。狭义的教学评价则是指采取科学合理的措施，以实际教学目标为依据对教学活动做出评价和判断的过程。综合两种说法，教学评价是指基于一定的评价标准，通过科学的教学信息收集，运用合理的评价方法来判断整个教学过程的价值。

综上可知，课程管理包括课程建设与教学建设两大要素，具体又包括课程（教学）目标、内容、设计、实施与评价等。因此，要想实现课程建设的完善化和创新化，就需要以"目标"为导向，促进各个构成环节与要素之间的协调与衔接，进而形成一个良性的课程运作系统。这就需要我们从不同层面、不同视角对课程建设的各个构成要素进行深入研究和掌握。

二、高校课程

高校课程管理主要体现在课程目标、课程内容和课程实施中，不同年级的课程要素也会在课程价值动态变化中不断创新发展。高校课程在具体的情境中也会体现出不同的课程管理方法。

（一）高校课程的培养目标

高校课程目标通常具有促进大学生的全面发展和促进专门人才的培养两种取向。促进学生本身发展或者为社会发展服务是课程目标两种最为明显的区别。以"学生"为主的课程目标，强调学生是课程的基本着眼点，关键是促进学生的自我实现。高校课程目标是培养学生，以满足学生发展的需要。强调学生全面发展，注重学生的兴趣、情感等内在需要。以学生为中心的课程，更加注重过程，即学生在课程中内在的收获，而非外在的结果。

以"社会"为主的课程目标，旨在培养能够为社会服务的人才，强调课程教学要为"社会"的发展服务。以社会为中心的课程，更加注重培养专业性人才而非满足人本身的需要。其教育的目的是单一的、外在的、更加注重结果的。高校课程目标基本围绕学生和社会这两个主体来讨论，现实的课程目标并不一定是非此即彼的，可能会有折中和融合。会依据不同的历史背景或者具体的情况而更偏向社会或者个人。

(二) 高校课程设置

高校课程的设置主要分为通识课程与专业课程。高校中的课程设置体现了课程目标，我国高校课程设置所体现的倾向，主要表现在对通识课程与专业课程的权衡与选择上。

以学生为中心的课程，在课程设置中会更加关注通识教育课程的内容，即涉及人文、自然与社会知识的"共同内容"。通识教育课程旨在使学生形成宽广的知识基础和合理的能力结构，形成"具备远大眼光、通融识见、博雅精神和优美情感的人。"通识教育课程主要是指非专业性的、非功利性的基本知识。在通识课程中，侧重强调如文学、历史学、哲学、逻辑学等人文性课程。这些知识能够促进人的自由和全面发展，体现人的意义与价值。

以社会为中心的课程，则更加侧重专业教育课程。专业课程强调学生对学科知识的掌握，注重科学化的、理论化的、专业化的知识，重视课程的实用性，而工具性价值等能够产生实效的知识，比如理科、工科专业课程。"社会主义课程取向下的课程，注重社会课程轻人文课程；重实用而轻理论，重对口而轻基础，尤其是重适应而轻超越。问题不在于所重视的方面，而在于轻视的方面。"

两种模式下的课程内容都各有其价值，不管是对社会发展还是人的发展都有重要的作用，但是专业教育课程目前仍占主导地位，因而影响了人的全面发展。

(三) 高校课程实施

这是一个复杂、动态的过程，是"实现预期的课程理想，达到预期课程目标的基本途径。"课程实施过程的倾向受课程目标和教师的教育理念等的影响。课程目标主要是学生和社会两种取向，课程实施受其影响通常体现关注学生个性和共性两种取向。

关注学生个性的课程，突出个人本位。课程实施过程中强调学生兴趣、个性的发展，因此会结合学生的需要与兴趣安排课程。课程实施过程注重课程的生成以及学生对知识的自主探究与质疑。强调知识获得对学生成长的意义，更注重教学过程。所以课程内容不是固定不变的，教学的流程也并非循规蹈矩。关注学生共性的课程，突出社会本位。课程实施过程以知识的传授为主，更加注重学生对知识的获得。教师通常将人视为社会环境和教育的产物，认为人是一个认识体，人的本性是社会性，因此课程实施更多强调统一和服从。注重培养社会需要的人才，以社会发展的需要来设计教育活动。课程通常是按照提前设计好的教学方案进行教学，以固定的模式和方法来传授知识、对待学生。课程强调知识的外在实用价值，更注重教学结果。

第二节 高校课程管理的原则

一、人本性原则

"人本"顾名思义，就是以人为根本，以人为一切工作的中心和出发点，注重人的积极性、主动性、创造性以及潜能的发挥，实现人的发展、社会的进步。在高校课程管理中，必须坚持人本性原则。在高校所有的课程管理中，教师资源是重中之重，是资源配置的实践主体，也是高校赖以生存与发展的关键。只有一流的专业教师，才能培养出高质量的学生，创造出优秀的教学科研成果，得到社会的尊重和认可，进而赢得更多的课程资源，缓解资源紧缺的现状，形成良性循环。高校在制定人才培养目标时，也必须坚持人本性原则，构建应用型的人才培养模式。学科建设、专业设置、课程开设等，也要从学生的多样化发展需求出发，及时更新教学内容、教学手段，不断丰富课程管理，培养多样化地专门人才，满足地方社会多层次的发展需要。

二、目的性原则

目的是行为的先导，规定着行为的方向和价值，并贯穿于行为的整个过程。目的性原则，是指导高校课程管理的总的原则，一切配置行为都是围绕着学校建设的总体目标进行的，从而为实现学校整体发展目标服务。

高校课程管理的目的性原则，集中表现为两层含义。

（1）要根据明确的目标指向来配置高校的各类课程资源。比如，作为高校在进行课程管理时，不仅要根据不同学生的不同需求和学习特点来设置课程，还要考虑地方社会政治、经济、文化建设的多元化需求。

（2）所有的目标必须有相应的课程资源来对应。这要求决策者对学校建设目标系统中的各个大小目标有个清晰的认识，以此建立最优的资源配置方案，提高课程管理的科学性。

三、系统性原则

将高校课程管理看作是一个复杂的系统，该系统是由多个子系统构成的，作为这些子系统的课程要素包括教师、学生、教学环境、课程管理及课程评价等多个方面。坚持课程管理的系统性，有利于充分发挥各个子系统的整体功能，实现整个系统的总体目标。

高校课程管理在进行资源配置的过程中，要坚持系统性原则。首先，要对课程资源的各个构成要素建立充分的认识，了解它们的具体特性及其作用功能，只有这样，才能有的放矢地合理配置课程资源，保障每个课程要素都能发挥最大功效；其次，不同课程要素之间是互相联系、相互契合的，具有不同的组合方式。如何对这些不同的课程要素进行多样化组合，需要考虑不同学科、不同专业、不同课程的特点及发展要求，这样才能保障课程资源整体功能的发挥以及课程活动的有效实施。

四、协调性原则

协调就是要配合得当，和谐一致，尽量减少矛盾，将消耗降至最低程度。在当前高校课程资源相对紧缺的情况下，为了适应高等教育大众化的发展进程，高校在进行高校课程管理中必须坚持协调性原则，以最大程度地实现高校课程资源的公平配置、协调发展。

高校课程管理的协调性原则，包括两个方面：①外部协调，主要是指高校内部课程资源的配置必须要与当地经济社会的发展要求相适应。高校办学定位、人才培养模式等的确定，要考虑当地的实际发展需求。在依托于当地资源办学的同时，也要积极主动地为当地社会的发展提供服务。②内部协调，主要是指校内课程资源在不同院系、不同学科、不同专业间进行配置时，必须兼顾效率与公平。在坚持效率的同时，提倡合理竞争；在考虑公平的同时，也要关注投入与产出。

五、可持续性原则

"可持续性"就是要求资源的可持续利用，不能只顾眼前利益，而不顾长远利益。高校是非营利性的社会公益组织，不能只顾效益而不顾成本。

高校在进行课程管理时，必须坚持可持续性原则，既要满足高校当前的发展需求，又要考虑高校长远发展的需要，以保障课程资源的可持续性利用。高校的各类课程资源，如教室、实验设备、教学仪器、图书资料、专业教师等，都处于持续使用、不断消耗的过程中，并不是取之不尽、用之不竭的。为了高校的长远发展，一方面要切实提高现有资源的利用率，通过加强对课程管理的监管力度，实现资源共享等方式，尽量减少不必要的资源浪费和重复建设；另一方面必须合理开发利用高校的各类课程资源，实现资源的补偿和再生，避免枯竭，从而保障高校的可持续性发展。

第三节 高校课程管理的意义

一、现代高校课程管理的理论意义

（一）完善课程管理理论

课程管理不仅是一个研究领域的开拓，而且是课程理论研究逻辑的发展，是课程理论的自我完善。课程的研究以美国最为发达，影响也最广，它的研究重点集中于课程目标的确定、课程内容的组织、课程实施、课程评价等问题，他们认为课程管理是学校管理的一部分，不予重视，因而，课程管理的研究就被忽略了。我国接受的是以美国为主的西方课程理论，课程管理研究被忽视亦是自然的。我国有学者较早就注意到了课程管理的问题，指出课程管理理论与课程设计理论、课程评价理论一样，是课程理论的一个重要组成部分。课程理论要走向成熟，首先要解决课程理论中的课程开发、设计、评价等基本理论问题，随着课程理论改革的深入，课程管理问题就必然要提到议事日程上来，课程管理与整个课程领域的问题及其他问题都相关，重视课程管理的作用和研究也是课程理论自身发展的要求。

（二）高等教育管理研究的必要补充和突破

高等教育管理的研究与高校课程管理的研究在总的指向上是一致的，都是为了更好、更有效地实现培养所需的人才，更好地满足高校与社会的要求。高等教育管理学已成为一门独立的学科，其主要内容是高等教育体制、教育方针政策、高等教育领域、教育经费，及高校内部管理中的学校组织、人事管理、教学管理、后勤管理等，而高校课程管理涉及的问题具体得多，如课程标准的制定、课程实施过程的监控及管理机构的设立权限、职能的规定，它们都是具体的工作。高等教育管理学涉及的是整个高校管理领域的问题，它能提供的是适于各种问题的原理的内容，以及对高校管理的分析框架。它的一般理论特性使其不能对像课程这样的特定领域做出直接的运用，而且由于高等教育管理学研究范围的限定，使其不能对课程管理的问题做出详细的讨论。所以，正像教育理论不能替代对高校课程管理的研究一样，开辟高校课程管理研究领域就非常切合于理论与实际。

二、现代高校课程管理的实际意义

（一）促进高校管理观念的转变与确立

高校的管理运行机制长期习惯于自上而下的行政控制与管理，学校的设置与发展规模，学生的培养要求等都是由国家计划限定的，这种无竞争又无淘汰的运行状态极大地限制了高校自我发展的能力。如今，"对包括课程编制在内的人才培养的全过程进行管理，已经正在成为一种新的大学管理理念"，高校课程管理领域的出现反映了我国高等教育管理领域在思想观念上的变化。高校课程管理理论的建立，要以课程评价、课程设计等理论为基础，以人员管理、机构调整等观念的转变为前提。高校课程管理领域的开拓，会推进高校管理观念的转变，从而促进新领域的确立。

（二）促进课程行政的顺利转轨

我国高校课程的行政管理体系，自19世纪50年代以来，全国高校一直由中央统一管理，形成了高度集中的大一统模式。此种情况如果在建国初期的特定情形之下是适应的，但是经过长时间的课程变革和社会大环境的变革，课程领域出现了许多新的情况：课程要求增加弹性和灵活性、学校课程决定权、及时按人才培养调整课程内容等，这些也是学校课程管理要研究的。课程管理研究内容的变化，会使课程管理体制做出相应的变革。课程行政转型之后，又可以使学校课程管理更加灵活有效，有利于调动中央、地方和高校三方面的积极性；有利于中央、学校课程管理各司其职，明确权限，提高课程管理水平。

（三）促进高校课程改革发展

课程改革是整个教育改革的突破口，课程改革是教育改革成败的关键。课程改革是一个系统的过程，其组织、实施、评价和推广等需要课程管理的介入。假如这些工作不能实现，那么课程改革就不能取得良好成效。我国的课程管理水平已经落后于课程改革的需要，课程改革的深化正期待着课程管理水平的提高。

第四节　高校课程管理创新发展的策略

一、优化课程教材管理

（一）严把教材选用质量关

教材作为知识载体是培养人才、传授知识的重要工具。它具有稳定教学秩序、保证教学质量、创新教学内容、引领教学方向的作用。近年来，我国高等学院连年扩大招生规模，社会对人才的要求也越来越严格，这也意味着对高校培养人才提出了更高的要求。要保证人才培养质量，就必须认识到教材在教育活动中的重要性，严格把控教材选用的质量标准。

尽管各层次的高校对教材选用的要求千差万别。但都贯彻着统一的原则——

以择优性为主要标杆，同时兼顾试教性、科学性、系统性、平衡性。基于以上原则，提出以下措施，具体如下。

1. 选用高水准优质教材

加强选用管理，消除教材选择的随机性，并确保教材选用的科学性和适教性。首先是要落实教材选择程序的执行，继续加强教材选用程序的规范程度。教师列出备选教材清单后，需要由教研室、学院、教材主管部门逐级进行讨论审查，相关领导确认审批。在审批过程中，各级主管必须严格遵守原则，以确保所选教材的质量。严格遵照教育部"凡选必审，质量第一，适宜教学，公平公正"的教材选用原则。

其次，保证高质量的教学质量，就要选用高水准的优质教材。教师在选择教材时，要优先选择教育部规划教材、国家级重点教材、省部级优秀教材及各类获得国内外教材评选奖励的优质教材，保证学校能够达到较高比例的优秀教材选用率。在选用高水准教材的同时，教师也应注意要缩短教材使用的周期，加快教材的更新换代，保证近三年出版的新教材使用占据较高的比例。此外，鼓励引进国外先进的、能反映学科最新发展动态的外文教材。

2. 建立反馈机制淘汰劣质教材

及时对选用的教材质量进行跟踪调查，这是一种非常有效的质量保证措施，制定有效健全的反馈制度，无论是专业课程、必修课程还是选修课程或实验课程，都应该根据课程设置和实际教学情况选择教材。因此，在每学期结束时，都应邀请师生有效地评估本学期使用的教材，不符合评价指标或师生使用感不好的教材，在下次订购教材时不得选用，并将情况以书面形式报校内本科教学部，先由学院自评，本科教学部再对各学院自评情况抽查，全面掌握教材质量情况，以此对学院下学期的选用教材进行改进和优化，保证教材选用质量。

3. 提高教材管理队伍的素质水平和业务能力

提高教材选用质量也离不开教材管理队伍的支持。教材管理人员在提高选用教材质量方面起到关键的作用，提高其素质水平和业务能力，在全面了解各专业的培养目标、教学计划后，能够心中有数，提出教材建设的合理意见。总之，把好教材选用质量关是教学管理工作的重要一环，在保证教学质量中具有关键性作用。

（二）强化新形态教材的建设

毫无疑问，新形态教材比传统的纸质教材具有更多的优势，学生可以更方便地阅读，平台可以为学生提供更多的售后服务。在信息技术的支持下，数字资源可以得到更迅速地更新，且随时可以扩展，易于学生学习。但新形态教材目前尚处于建设初期，因此在某些方面有待完善。

1.构筑数字化教育生态环境

新形态教材尚处于起步阶段。目前，高校新形态教材的应用和推广情况并不理想，首要任务是要加强数字化环境的建设，数字化环境可分为软环境和硬环境。数字化软环境就是指数字素养的培养，目前大学师生还没有形成清晰的数字素养观念，对这种新形态的教材整体认知水平较低。因此，要引导他们以全新的思想观念重新认识数字教育，从思想上做出改变，新形态教材才能得以健康发展。

硬环境是指数字化教学环境的建设，其中包括稳定可靠的网络信息平台。数字教学设施、教学资源系统和强大的技术支持系统。如果高校可以将数字教材整合到数字化环境的学习中，同时将数字教材与其他数字学习平台深度融合，将会大大增加新形态教材应用的概率。

目前，学生阅读和学习数字资源时，通常是通过网页浏览器完成的，效率低下，削弱了学生学习的效率，也使数字教材的学习效果大打折扣。因此，在开发新形态教材时，开发商要努力开发出可以支持多类型智能终端的应用程序，提高学生学习的效率。若通过应用程序进行教学，新形态教材将成为教材的主要形式，占据有利地位。这样一来，学生可以一边读书一边做笔记，大大提高了学习效率。同时，与浏览器相比，智能终端应用程序更封闭，能够有效保护知识产权。

此外，开发者可以通过技术手段将与学习无关的程序锁定，使学生能够集中精力阅读，从而提高学习效率和学习质量。因此，在新形态教材的建设和应用中，智能终端应用程序是不可省略的辅助工具。但是，在开发应用程序确保其有效性时，还必须要考虑集成平台下各种手持智能终端的差异，增强应用程序的兼容性，保证每个终端的体验感良好。

2.创建支持新形态课程教材的教学模式

目前，翻转课堂、MOOC和微课等新模式受到高校教师的广泛关注。不同的教学方法具有不同的特点，使用新形态教材的形式也不同。在提供新形态教材的同时，要尊重不同专业学生的学习模式和学习需求。以翻转课堂为例，学生在课下自主学习，课堂中的任务通过探究性学习，巩固、总结、反思、消化知识，并利用测试来检验学习成果。因此，高校有必要提供相关的教与学环境，支持学生课后的自助式学习模式，新形态教材正为这种教学模式提供了学习的平台与条件。另外，教师必须转变观念，才可以带动新形态教材下课程教学的改变，未经教师认可的新形态教材是缺乏生命力的。教师应仔细研究如何将数字教材真正地应用到课堂中，如何最大限度地利用数字教材。

3.构建新形态教材立体化发展模式

当前，我国新形态教材的发展模式有三种：以终端硬件供应商为主、以网络运营商为基础、以内容为主的供应商开发。不同学科的地位和利益分配因开发方式的不同而大相径庭，三方都希望在开发过程中占据绝对优势。但事实证明，任何一方都很难单独占据垄断地位。从未来发展趋势看，数字教材的优势集中展现在教材的更新速度、与应用程序的结合、帮助学生集中注意力提高学习效率等方面。因此，加强三方合作，建立三对一合作的三维发展模式，才能提高新形态教材的发展速度，为广大师生提供更好的课程教材内容和课堂服务。

（三）鼓励教师编写教材讲义

对于地方综合性大学，师资力量在国内大学中并非顶尖，但综合实力在省内大学中名列前茅，其应当承担起教材编写的艰巨任务。"发挥内在优势，积极组织编写教材，支持优秀教材走出去，提高我国学术的国际影响力。"对于具有校级、省级等特色的专业，学校应积极规划并制订课程计划，增强对校内教材、讲义等教学材料编写的质量监察，自我开展自编材料的评优评奖工作，并推荐获奖材料出版。高校自编教材必须严格遵循出版的要求进行编写，提前汇编大纲，以保证完成的质量。

当前高校要高度重视新高考改革所显露出的一系列问题，解决这些问题最直接有效的办法就是重新审视教材的顶层设计。招生考试改革的实质是为了改变人才培养模式，这不仅要看顶层设计，也要看在执行过程中的落实情况。新高考改革能否真正实现对素质教育的导向作用，不仅是对中学的考验，高等院校更应做好后续的接力工作，顺应新高考带来的生源结构变化，补齐学生的短板，协调课程教材与学生高中基础课程及后续专业课程内容的内在逻辑性，以确保学生专业知识的完整性和系统性。

正视新高考改革中高校招生录取制度面临的困境，对于高考选考产生的教材遴选难问题，高校应做两手准备。①高校针对专业基础要求较高的课程，从源头上对专业课程设置重新规划，将高中所缺乏的课程以必修课的方式进行授课，教师有必要针对这一问题自行编写符合本校专业特色、学科设置、生源结构差异的教材，在大一为学生们打好基础。针对"新高考"改革带来的学科规划建设进行宏观层次的指导，促进开发和改进与各个专业课、公共基础课及所使用的课程材料的设计。当然，重新规划、编写教材是一个十分漫长的过程，教师不仅要保证教材编写的速度，更要严格遵循教材编写出版的规定与程序，保证教材质量，鼓励教师多出教材，出好教材。②积极为与专业培养计划基础有差距的学生开设基础预科课程，以应对暂时性的教材缺失。特别是在选考中与开设专业选考规定科目交叉较小的学生，高校应本着为学生负责的态度，积极动员学生报名参加。学校在开学前就应对学生做好统计工作，对有意愿报名参加预科课程的学生，依据学生的意愿自愿报名进行预科教材的征订，以避免在开学后措手不及。这项工作，教材管理人员不仅要做好，还要做细。依据专业教学计划，充分考虑学生自身发展与专业需要带来的影响，统筹教材管理。认真核对招生计划和选课计划，以及教材的版本和数量等，引导学生适应新高考改革带来的学习能力的差异，确保顺利适应新高考改革为高校带来的生源结构和育人生态的变化。

高校编写一本优秀的教材，不仅可以解决教学的紧迫需求，而且可以更好地体现地方特色，提高教学质量。一般来说，统一编写的教材质量固然不错，但正因为它是统一编写的，其内容往往更侧重于普遍的、共性的问题，无法解决各个地方的个性化问题，而各高校教师自编教材则使这个问题迎刃而解。同时，鼓励教师自编教材也是锻炼培养教师的有效途径，有助于提高教师、尤其是青年教师的学术水平和理论知识，帮助他们更深刻地理解掌握学科的内部关系与逻辑，促进教学内容及方法的改革，提升教学质量。

（四）优化教材评价激励机制

教材评价功能对作为消费者的学生来说最具有话语权。教材的内容、编辑、图形和文本质量以及课程学习的收获都可以反映在学生评价中。教材的质量常常需要全面的角度来进行判断，对教材质量的要求也在随着时间变化而变化。因此，如何提高教材选择的科学性，对教材有一个客观全面的认识，教材的评价是一个关键参考。

教材评价机制不是某些指标的累积和随机性的组合，而是根据适当原则建立起可以反映教材质量的一组指标。普通大学受教师学术水平的限制，缺乏教材评估和建设工作的权威和指导。首先是教师进行自查。教师要对选用的教材从教材的适应性进行审查，这里的适应性不仅包括教材与教学大纲、教学目标的适应程度，也包括教材与学生的适教性，教材是否有利于学生自学，结构框架是否安排妥当等。其次是专家评审。专家评审应具有一定的思想高度，主要考察教材内容的学术性、结构的系统性、思想的逻辑性、风格的创新性、表达的规范性、图文印刷的标准性等要求。再次是教材在选用完成后学院的考核。在教师和专家进行评审后，学院也要制定合理的考核指标，这将直接影响到学院甚至学校的教材管理情况。学院考核的标准应当包括优秀教材选用率、规划教材使用率、近三年出版教材选用率、国外原版教材使用率等，并将这些指标纳入教学管理考核的指标中，全程监督教材质量。最后是学生评审的指标。学生评价是从其亲身使用感受角度出发，包括教材中使用的文字规范程度，教师授课内容与教材的相关程度，内容的深度与高度是否适合自身的认知规律。

教材激励机制是要消除教材管理中教师的不满情绪，完善制度建设，加大经济激励力度，创造良好的工作环境，从而提高教材管理工作的水平。

（五）有效提升教材管理工作效率

随着我国高等教育改革的逐渐深化，高校教材管理工作的重要作用不断凸显，直接影响着高校教学活动的顺利开展，而作为教材管理工作的实施者，高校教材管理人员的素质和能力显得尤为重要，这就要求他们不仅要拥有过硬的业务能力，还要具备强烈的职业精神、高度的职业操守，不仅能够准确把握高校教育教学活动的目标，更能从各个专业实际需求出发，对教材进行科学的管理。

要不断加强对教材管理工作的重视和支持，不断加强职业精神的培养和锻炼。不断加大人财物方面的硬件支持，合理配置教育教学资源，注意加强对高校教材管理人员的选拔和使用，加强管理人员队伍建设。要不断创造载体和渠道，加强对现有人员的培训力度，通过召开培训班、专家讲座等方式，或者通过微视频、慕课等网络教学方式，不断提升教材管理人员的综合素质和业务能力。

要完善高校教材管理信息化系统的建设。以计算机网络技术为基础，实现信息传输的效率、速度和便利性。首先，应建立信息化管理系统，基于校园网实现高校教材管理的信息化。其次，通过信息管理系统，实现教材的选择、订购、发放、使用全过程中学校、教师、学生、供应商等多方实时对接，学校教材管理人员可以实时向供应商提出有关学校教学需求的反馈，有望实现双向沟通和信息交流立竿见影的效果，可以帮助教材管理人员根据实际情况选择合适的教学材料。既节省了大量的人力资源，同时还可以有效地节省管理时间。重点培养技术过硬的管理人员，使之带动其他管理人员，提升整体管理人员的信息化管理能力，通过必要的培训、知识补充，现场技术指导等以各种方式为现有教材管理人员提供信息管理培训。此外，要积极引进和吸收具有优秀专业素养和信息管理能力的教材管理人才。不断加强高校信息化教材管理队伍，提升教材的信息化管理水平。

二、实施人文引领的高校课程价值管理

（一）突出以学生为主的高校课程目标

教育的首要问题就是人，优化高校课程管理要强调学校应该培养"全面的人"。将育人与育才相结合是教育的关键。教育应该培养德才兼备，全面发展的人。

1.课程应以培养自我实现的整全人为目标

大学的教育应培养整全的人，培养整全人的目标应在每一个专业与每一门课程中都得到落实与体现。传统的课程教育目标中，侧重学生专业知识与专业技能的掌握，注重培养人才，但是对于人本身发展的目标表述较为泛化或者忽视。这

样会导致培养出的人是不完整的，发展是片面化的。比如职业能力、专业素养强但人文素养弱，缺乏理想与信仰的空心化的人，或者是缺乏职业能力与修养，只会空谈人文的边缘化的人。这是当下人文课程面临的困境，也是提出人文引领课程的必要性。

所以高校课程目标是要强调培养整全的人，课程改革要围绕"整全的人"的目标，课程中既要求职业技能也应具有职业操守，既要有知识的传授也要有理想信念的引导。通过对课程的学习，学生不仅仅掌握了知识，还拥有能够自我实现的能力；不仅能够知道自己是谁，而且还能够听到内心的声音，找寻人生的真正意义。

课程目标的制定应该时刻以"整全人"作为目标准则，改变过去目标制定存在空泛化和形式化的问题，始终将"人是目的"作为终极目标，防止人在教育中被工具化和物化。在目标中要明确提出尊重学生的个性、培养学生健全的人格、尊重学生身心发展的规律、提高思维认知的水平等要求，使学生知识、能力、情感在现实生活中得到充分的展现，从而获得人生意义感。

教育在人的发展中承担着更高的责任与使命，教育的核心作用或者初衷是"人"，每个人都可以通过教育实现自身的发展与价值。发展人的理性与非理性，引领人们追求真、善、美。这就要求高校的课程不仅仅应该帮助学生掌握生活的基本技能与知识，发挥知识的工具价值，为学生生存发展提供动力，更加重要的是还应该挖掘知识背后的人文价值，使学生不仅学会生存，还学会与他人相处，增强学生的价值理性，能察觉到生命的真正意义所在，这正是课程应具有的终极关怀。

2.专业课程目标应具有明确的人文理念

整体上高校应该以人为目的，关注人，尤其在专业课程中也要有更加明确的人文理念。专业课程的目标主要包括人文专业和非人文专业课程，非人文专业课程的目标的人文性是最容易被忽视的，因此尤其需要被重视。

（1）非人文专业课程的目标应体现人

当前高校专业课程目标的制定唯知识化与唯社会化的取向明显，人们往往忽视专业课程隐含的人文性的因素。例如科学课程不仅可以教人求真，掌握科学知识与技能，同时科学课程还具有人文性因素，如科学精神，科学家的品质，科学本身具有的美等，都可以丰富学生精神世界。只要教师在课程中注意引导，就可以潜移默化地影响学生，由此学生不仅仅掌握单一的科学知识，而是形成了更为全面的科学素养。对于专业课程尤其是理科、工科类的课程的目标中要强调课程的人文性，在课程中让学生获得人文素养。在课程中体现人文性，培养学生的人文素养对学生全面地成长有着重要意义。

(2) 人文专业的课程目标更加人文化

现在许多人文专业课程的目标职业化和专业化明显，人文专业课程所具有的人文性不足。人文专业的课程目标应该也是更具人文性的，人文专业的课程也应是让人更加自由的。因此人文专业课程目标也要更加凸显人文性，更具人文化，发挥人文专业本身的优势，不能只顾专业知识而忽视人。

"人文素养"的培养对正处于世界观、人生观、价值观形成阶段的学生来说是十分重要的，因此在目标的设定中应该将有关学生人文性的培养的目标细化，更加具体、可实施、更具科学性，防止课程目标的浅化和分裂化。在当前大学课程培养目标中，有关学生人文素质培养的表述较为空泛，甚至存在"目中无人"的现象，大多以喊口号的形式在目标中体现，基本很难实行与落地。美国麻省理工学院（MIT）确定的人文课程的培养目标中"重点强调了学生能够将知识建立起现在与未来的连接：更加深入地了解与人类相关的理论、思想体系；认识不同文化、社会制度体系下的政治、经济和文化背景"。对比我们许多高校专业人才培养方案中相对简单的"促进学生德智体美全面发展、人文素养的提高"的目标的表述，MIT的培养显然要更加具体可行，对当前的课程目的制定有启发意义。课程目标会影响课程内容的制定以及课程实施等，所以要注重课程目标的人文引领性，将学生的人文性培养目标具体化，使学生在课程中能感受更多的人文关怀。

（二）凸显人文理念的高校课程内容

人文引领的课程价值取向致力于实现整全人的培养，在课程内容上也要满足和唤醒学生的人文需要，培养学生对自己所学专业的人文情怀，使其具有足够的人文理想与信念。同时挖掘每一门课程背后的课程文化，几乎一切的课程都源于文化，"现代课程的设计是将文化中最富有生命力的部分，如价值理念、原理、概念、工具性的知识和技能、态度，以尊重学生的生活为维度，按简约性、迅捷性的原则组织起来的过程。"因此，我们应该重视每一门课程所具有的深厚的文化特质。

1.优化通识课程中的人文课程设置

随着通识教育、素质教育在我国不断地被重视，体现在高校中表现为通识课程的比例逐渐增多，但是从整体来看，专业课程仍占据主要地位。通识课程中的通识不是通通都识，而是识通用之识，是给人更大的自由，能拓宽人的知识面的课程，人文课程是通识课程中的核心。

在当前高校中通识课程的比例最多为30%，最少为10%，而在通识课程中，人文课程所占比例极小，除去传统的两课、大学语文这些必修的人文性课程以外，人文课程则更少。大学生对人文知识的获得主要来源于对通识课程的学习，而当前通识课程中有关人文性的课程设置较少,学生所能接受的人文知识有限,对学生成长是不利的。因此,高校应优化调整通识课程的设置,增加选修课程,并适当增加人文课程在通识课程中的比例。

高校要改变通识课程中人文课程因人设课的现状。首先,对于学校的通识课程的设置要有专门的标准和规定,配备可以胜任人文课程开设的教师,而不是过于随意化,以保证人文课程开设的质量。其次,要增加选修课中人文课程可选择的数量,人文课程不能仅仅是对专业课程的补充。也不仅仅局限于传统的文史哲的课程,要完善选修课程中人文课程的体系,使课程内容设置更加合理,符合学生身心发展的规律。选修课程不应该仅仅是专业课程的补充,在选修课程中应该给人文课程留下更多的空间。

2.提升专业课程的人文性

人文引领的课程,应该彰显专业课程的人文关怀。高校的课程丰富多样,当前高校课程主要分为人文、社会、科学三大类,每一种课程所具有的价值都不相同,但是对人的发展都具有重要的作用,也都可以体现出课程的人文性。人文课程具有人文精神,能够提升学生的人文素养,帮助学生更好地认识"我";社会课程能够增进人与社会之间的联系,使学生增加与社会的共情,能够从社会角度对"我"有更加全面的认识;科学课程具有科学性、客观性,能够使学生客观地认识世界,科学课程背后的科学精神能促进学生在严谨的科学事实中,不至于放荡不羁,甚至违背客观规律,造成对人类和社会的破坏。因此在具体的课程设置上,应该促进三类课程的交叉与融合,使课程之间建立联系。将课程落脚在对人的关怀上,在专业性课程内容中挖掘人文性的元素,并将这些人文性元素整合成教学内容放到课程中,让专业课程更好地释放本身所具有的人文性。

我们应该赋予专业课程更多的人文性。首先,在大学的非人文专业的课程中,努力挖掘在专业知识背后的精神与文化内涵。使学生在掌握专业知识与技能的同时,能够有崇高的专业理想与专业的人文情怀。其次,在人文专业的课程中,应该摈弃传统过分注重技巧、知识的传授的现象,发挥人文课程对于学生人文精神涵养的作用。课程设计也要依据人的本性(如人的潜能、发展、需要、变化等)来理解课程。当然也需要通过社会来思考课程,但追本溯源社会是由每一个单独的人构成,通过社会理解课程的必要性仍源于人或基于人。透过自然来思考课程亦然,人被自然孕育自然必然恩惠于人,通过自然来理解课程的必要性既源于自然也源于人。

专业课程中包括人文专业的课程,如文史哲等课程,也包括非人文专业的课程,主要是理工科课程,如物理、化学、生物等课程。仅仅依靠通识课程对学生进行人文性的熏陶是不够的,在通识课程体现人文,而在专业课程中"目中无人"

的分裂式教育不利于学生的全面发展。在耶鲁大学开学典礼上校长都会郑重地复述他的传统命题："你们就是大学"，耶鲁大学校长是从"人"来认识和理解大学的，我们要坚信人文引领的重要性与必然性。

（三）体现人文性的高校课程实施

课程实施是将课程目标付诸实践的过程，也是对课程内容进行选择的过程，最能检验课程是否具有人文性，是否真正落实整全人发展的重要环节。现代课程对人类具有的普遍关怀应该有深刻的思考，而这种人文关怀关键就是落实到课程实施上，高校课程中呈现怎样的价值取向，可以通过课程实施环节做出判断。高校课程目标与课程设置的具体设计通常是十分理想化的状态，是对学生能够获得多少知识、形成某种能力、品格、素养的一种预期。但能否在课程中实现这些预期的目标，还需要依靠具体的课程实施。要实现人文引领的课程，既要重课也要重程，课程实施是一个具体的过程，是一个可以不断创设与生成的过程，课程实施中所体现的取向对学生有着有指导性的意义。

1.课程实施应基于人的特性

教育的逻辑起点是人，教育与人的关系十分的密切。人与教育的关系可以描述为："教育与人或者人与教育的关系最密切，教育的历史最悠久，教育是人类最必须。"教育学是关于人的学问，因此课程、教学中都应该见到鲜活的人，人存在于课程中，课程也存在于人中。在教学过程中，应该遵循人的特性，只有了解人身上存在的客观规律才能够更好地实现人的发展。张楚廷教授认为人具有五大特性："人有自生性，自己生长；人有自增性，自己增长；人有自语性，自己为自己创造语言；人有反身性；人有自美性。"这五大特性是从恩格斯所讲的坚持从世界本身来说明世界，从教育本身来看教育，从人本身来看人，因此充满人学意蕴和哲思。

首先，课程在实施过程中应关注学生的自身特性。人是能动的存在，人有潜在的才能与智慧，是可生长的，具有潜在可发展性。教师在教学过程中不能将学生理解为只会被动接受信息的工具，而是要尊重且推动人自然地生长。第二，应关注学生的自增特性。"人的身上存在着尚未发展的自然力是能动的，因为人是可发展的。"课程应该发展人的可发展性，因为"人是有意识的存在物"，因此从学生本身出发，考虑学生需要并顺应人的发展是教育发展的推动力。

第三，应关注学生的反身特性。真正的教育源于人，是由人自身派生出来的，并通过自我对象化和对象自我化的方式来发展和获得新的生命。人不仅仅是有意识的存在物，更重要的还具有自我意识或者"我我"意识，所以教育活动过程应突出主客体融合的意义。教育所要展现的基本过程就是学生的反身过程，教育的作用是使学生从最初的我变成更好的我，通过积极的"我我"关系活动获得新的生命。课程实施过程要改变过分侧重学生知识的获得、师生在课堂的互动中以知识交流为中心的现状，要引导学生积极反身，将主体的"我"与客体的知识、社会等联系起来。从对客体的认识中来更好地认识自己，正确认识"我我"的关系，从而变成更好的我。

第四，应关注学生的自美特性，因为"人在以反身为基本方式催动自己发展的时候，最需要的营养剂是美学要素"，"人是造物中最崇高、最完美、最美好的"。人"按照美的规律来构造"，会在找寻美、追求美的过程中寻找不足，不断构建自己；美的要素是人发展中基本的需要。"人是美的存在，人是为美而存在的"，所以教育的真谛是不断地揭示客观现实中必然存在的美，让美进入学生的心灵，满足人天生所具有的精神上的、美的需要。现在课程中更多强调客观事实，缺少美，也缺少对美的引导，课程实施最不可忽视但又最易忽视的就是学生对美的需求，这是最基本的需要。

第五，关注学生所处的环境。"在人的反身活动中，环境是普遍起作用的。"环境对于人的发展进程，尤其对课程实施的过程十分重要，因为人在所处的环境中有主动适应性，所以课程创设的环境和氛围越好，学生能够利用所处的环境把握自我的能力和品质会更好。因此教育要给学生营造良好的学习环境，好的学习环境也是一种好的隐性课程，"自觉的教育工作者还力图使环境成为一种有效的隐性课程，力图使校园成为学生喜爱的一部经典的教科书"。

人的五大特性对应人的五大公理，即存在公理、能动公理、反身公理、美学公理、中介公理。这五种特性以及对应的五大公理都有着深厚的人文性，回到了人本身，体现了对课程的哲学思考。课程实施只有贴合人的特性才能够真正地体现课程的人文性，只有真正顾及人的需要才能真正实现课程的价值。

2.课程实施要促进学生智慧的生成

课程最终的目标是使学生变得智慧，不断地自我生成，从而获得新的生命。课堂教学过程是课程实施的重要部分，教学过程中要注重师生之间关系的和谐和相互依赖，把学习者的兴趣、意志、经验、情感放在重要位置。改变传统课程实施过程中重智轻人，知识占主导而不见人的现象，要丰富课程的人文性。课程实施的过程是十分灵动、充满智慧与思想交融的过程。在课程实施的过程中，教师需要处理教材、学生、环境、师生等多方面不断生成的信息，但这些信息都应以学生为中心。我们应该跳出传统课程实施局限于教学计划的实现、按部就班的教学思维模式，让课程变得更加灵活，能够不断地生成。

第一，课程不仅仅呈现知识，教师要提供比知识更为广泛的信息。信息在理论上是有限的，但是在感觉上是无限的。个人的情感、信念、态度和期待都可以作为信息在课程中传递,既是明示的,也可以是隐喻的。让学生获得宽广的信息比单纯的课程知识有更加重要的作用,这样的课程中收获的不仅仅是知识,更是超越知识的智慧,是体现人的课程。

第二,课程教学中应关注学生直觉能力的培养,直觉与逻辑应共生共进。"直觉是人文的强项,因此人文课程应该在整个课程体系中都发挥作用。"直觉是一种独特的智慧,直觉常常与逻辑相对,都是属于思维的行列,直觉属于创造性思维,往往具有"整体性、迅捷性、易逝性与创造性"。直觉与逻辑不是相互冲突,而是互补的,"逻辑代表左脑的理性分析,直觉代表右脑的感性交流"。教学要注重发展学生的逻辑思维,但是不能顾此失彼忽视对直觉能力的培养。教师应为学生直觉思维的培养创造环境,鼓励学生勤思、举一反三和触类旁通,鼓励学生自由地想象与自由地表达。

第三,课程教学中应注重学生质疑能力的培养,质疑重于聆听。教学应该始终伴随着质疑,质疑在教与学的过程中具有重要作用。歌德说:"人们总是在知识很少的时候才有准确的知识,怀疑会随着知识一道增长。"所以教师应该摒弃传统课程中的过分注重聆听和灌输的教学方式,而要引导学生主动地质疑,表达出疑问,然后发现、提出问题、进行自我探索,并尝试去解决问题。质疑与知识相伴,学问在学"问"中获得,"学问"即学着发现问题。我们不能轻易否定学生的"质疑",质疑是学习不可缺少的一部分,课程与教学的真谛是使学生学会质疑。

"信息、兴趣、质疑、直觉、智慧"是张楚廷提出的教学理论思想的五个关键词,这五个方面看似相互分离,实则联系是十分紧密的。信息、兴趣、质疑、直觉、智慧每一个词都代表了课程教学过程对人应有的重视,在课程实施过程中是十分重要的,但是也是时常被忽视的。课程实施可以是从学生的兴趣或质疑出发,或者从课程某一个信息点出发。学生的兴趣与质疑本身即是一种信息,在质疑与兴趣发生的过程中直觉则伴随课程实施的始终,能够十分及时地感受课程的信息并连接客观事物,从不断感受的过程中便生成了智慧。课程实施过程要注重在课程中提供广泛的信息,尊重学生的兴趣,鼓励学生质疑,重视学生的直觉,帮助学生变得更加智慧。

3.注重隐性课程的人文熏陶

隐性课程包含丰富的人文性,隐性课程是大学课程建设的重要环节。在高校中,人文引领的课程强调既要关注显性课程中的人文性建设,还应该重视隐性课程所独具的人文性,隐性课程是十分重要的人文课程。学校应建设好校园文化,发挥隐性课程的重要作用,并积极利用隐性文化的特质,对学生进行文化的熏陶。隐性课程是人文课程中非常重要的组成部分,是一种体验和感受,具有文化熏陶、浸染的作用,能够很好地与人文性相交融。

课程实施要积极发挥隐性课程的作用，但隐性课程往往因不像专业课程那样体系完整、能及时地见成效而被忽视。比如，图书馆的藏书量、学校历史上所诞生的优秀的人才、学校建筑、科研设备、教师的言行等都是隐性课程的重要内容，都渗透着浓厚的人文性，无形中陶冶学生的人文情操。课程实施过程可以利用学校这些隐形的资源，让课程更加生动，浸透更多的人文性，为学生健全人格的培养起促进作用。"关注隐藏课程，赋予其以更丰富的文化内涵，成为提升现代课程人文向度的重要方面。"隐性课程犹如大学的门面，尤其隐性文化可以彰显大学生丰富的内涵，是不可或缺的人文性课程，并非可有可无的。许多有着悠久的历史和独具文化特色的学校，是历经时代的洗礼、有着深厚历史文化奠基并形成了独具特色的隐性人文精神的学校。这些有时代感的学校可能从日常课程与教学中很难看出与其他学校的差别，但是从其隐性课程与文化中看却存在着明显的差别，"一些学校的珍贵之处就在它高质量的隐性课程"。所以一所学校对于人文课程是否重视，可以通过观察这所学校的环境中是否透露浓厚的人文气息。比如，哈佛大学不仅仅是扑面而来的哈佛红建筑令人赏心悦目，更多的是学校建筑里满载的知识和真理，学校历代都有十分优秀的人才涌出，有着瞩目的成就，令人十分震撼，心驰神往。这种渗透着的文化气息和带给人的震撼就是隐性课程，身处其中的学生思想和行为会在无形中被这些文化影响，因此积极的文化熏陶会带给学生积极的影响。有些学校模仿哈佛的建筑特色而建设校园，努力彰显出浓郁的哈佛气息，其实就是为了能够营造一种良好的人文环境，让学生从中接受人文性的熏陶，从而激励学生更加奋发向上。

三、创新高校专业课程管理

（一）综合定位课程目标

1.依据职业岗位需求定位

一般来说，课程体系总目标是从宏观层面确定专业人才培养的方向，同时也为专业核心课程目标的确定提供依据。例如，旅游高等教育作为培养专门旅游人才的重要途径，其课程建设中的总目标自然是培养具备胜任旅游专业工作岗位所需的职业能力的优秀复合型人才，同时兼顾不同的岗位对人才的职业能力需求各有不同的现实状况。针对本科旅游管理专业人才输出对应的主要是旅行社、旅游规划公司、文旅集团、旅游酒店等的核心岗位，旅游院校应针对旅游企业、旅游酒店、旅游科研院所以及其他旅游集团分别设置课程目标，并考虑不同的专业核心课程根据不同的目标培养学生不同的核心岗位能力。只有保证旅游管理专业的课程目标与岗位需求相一致，才能针对行业的职业岗位需求精准地输出人才，增强学生的就业竞争力。

2.依据学生发展需求定位

由于课程建设的受众是学生，故在设置课程目标时在一定程度上应该考虑受教育者个人的发展需求。与此相矛盾的是课程目标多根据政府规范性文件或行业发展需求制定，更多强调统一性和协调性，却较少考虑学生个人发展需求。"00后"大学生的个性鲜明，学生的学习目标和学习需求各有不同。因此，课程目标的设置应该考虑到学生本身的个性化发展需求，为学生的多元化和全面化发展提供条件。具体来说，①可以结合学生的职业规划、就业意向或发展方向将学生群体进行分类，并分别设置不同的课程目标；②实施自主选课制度，由学生根据自身特点和条件选择课程，进而增强个性化的课程目标的实现效果。

3.依据学科、学校和地域特色定位

虽然课程目标是学生经过一个阶段的系统学习后所要实现的具体目标，但学生对目前的课程目标并不十分满意。现有目标定位模糊、缺乏学科和地域特色，各个高校的课程目标整体上来看大同小异，导致学生培养和学校发展的同质化现象严重，人才培养和办学竞争力低下。因此，高等院校应该结合自身特点，充分发挥各自办学优势，以实现高校课程目标的特色化。一方面，不同院校可以结合自身办学特点和学科背景，将相关学科的优势资源引入到课程教学中，如北京第二外国语学院的语言类学科背景、东北财经大学的财经类学科背景等都可以应用于专业人才培养中；另一方面，不同地域的院校可以结合所在区域的文化特色和区位条件，制定特色化的课程目标，如沈阳师范大学地处沈阳，可充分利用沈阳故宫、张氏帅府等景区资源条件，完成学生的特色化课程目标设置，以提升学生的综合素质。

（二）精心凝练课程内容

高校学生对课程内容的前沿度、难易度和实用性的认可程度相对较差。因此，从前沿度、难易度和实用性三个方面对课程内容进行优化，有利于高校专业课程内容设置更加合理化，进而切实满足学生的发展需求。

1.实现新旧知识融合

高校各类专业课程内容陈旧、缺乏创新一直是教育界面临的重要问题。虽然各个院校针对相关问题做出了改进，但"知识更新速度远低于行业发展速度"的问题仍旧存在。基于此，要想保证课程内容的前沿度，应该从以下三个方面着手：①从教师的层面，应及时关注和搜集相关专业的最新消息和前沿动态，并融入日常的课程教学内容之中，形成动态的课程内容更新机制；②从学生的层面，要积极利用信息化时代的便捷学习工具，通过网络或其他途径及时掌握行业发展的最新状况，并将线上与线下学习内容有效融合和把握；③从教材的层面，作为课程内容的要素之一，教材也应该及时更新，将书本教材与电子教材相结合，以满足学生的全面发展需要。

2.准确区分重点难点

课程内容的难易程度直接影响着学生的学习情绪和学习结果，然而，当前高校专业的课程内容设置却存在重难点模糊或表面化的现象。许多课程对重难点的划分根据教材、教师或学科整体要求，而未充分考虑学生的需求和行业发展的需要。因此，为了改善这一现状，应该根据高校专业课程的特点，准确区分各门课程的重点和难点。具体来说，①教师要根据课程难易程度进行区分性教学，对重点难点内容进行详细讲解，对一般知识内容进行简要讲解，进而使学生明确课程学习的重点；②教师在课程评价过程中针对不同难易程度的知识点采用不同的测评或评价方式，以保证学生能够较好地接受和掌握。

3.紧密联系行业实际

高校学生对课程内容是否实用比较关注，而高校专业课程缺乏实用性也一直是各个院校面临的难题。因此，紧密联系行业实际，提升高校专业课程内容的实用性已经刻不容缓。一方面，可以加强理论课程的整合，提炼出专业的核心内容。有效的课程整合不仅能够使教学资源利用最大化，同时精选课程内容也能够使学生的学习达到最优化。另一方面，可以加强理论课程的实训内容，即通过情景模拟、布置任务或实物演示等方式让学生参与体验，将所学理论转化为实际所需技能，进而为未来就业奠定基础。

（三）调整优化课程设计

高校专业课程的开设顺序、各类课程的比例和各学期的课程数量设置仍存在问题。因此，有必要就课程比例、课程数量以及课程开设顺序等方面存在的问题予以优化。

1.合理划分课程类别比例

目前大多数高校都以公共课与专业课、必修课与选修课、理论课与实践课为分类标准。其课程设置基本呈现"金字塔"式的结构特征，即公共课门数少、课时量大，必修课和理论课较多，实践课较少，选修课门数较多但课时量和选课数受限制，这就造成了学生的学习"泛而不精"和"学而无用"的问题。因此，有必要进一步协调各类别课程的比例，以使课程设计更加均衡合理。首先，就公共课与专业课来说，应适当整合缩减公共课程的课时，以为专业基础课、核心课留有充足的时间；其次，就必修课与选修课来说，专业必修课是为学生的长远发展奠定理论基础，专业选修课则是为学生的个性化发展服务，因此，要适当加大选修课的比例和学生的可选课门数，以促进学生的身心全面化发展；最后，就理论课和实践课来说，要在现有课程的基础上增加实训课程的比例，创新课程实训的方式，同时调整专业实习的时间，按照课程特点设置不同岗位、不同形式的实习，以达到"随学即用"的效果。

2.精心规划学期课程数量

均衡的课程比例对课程设计具有重要作用，但目前大多数院校公共课和专业必修课所占课时较多，忽略了专业选修课和实训课程的比重。因此，未来各院校应该对课程数量安排进行调整，增加专业选修课和实训课程的开课比例，而不是将其作为公共课程和专业必修课程的辅助。公共课方面，可适当缩减政治与体育课程数量，增加计算机与英语课程；专业课方面，可压缩整合必修课程，"找核心，讲重点"，将有限的课程利用得更加充分，同时增加选修课门数和数量以及学生自主选择的权力；实训课方面，可结合该门课程的实际需求，在理论课结束后即时开展实训课程，以便加强学生的理解和运用能力。

3.科学设置课程开设顺序

合理的课程开设顺序是课程取得良好效果的保障，这就要求课程的开设顺序要以学生的心理发展规律为前提，遵循课程内容的逻辑顺序。一般遵循"由简到繁、由抽象到具体、由理论到实践"的规律，循序渐进地进行课程的设置与实施。具体来说，大一年级设置政治、英语、体育等公共课程和专业的基础课程，大二设置理论性较强的专业课程，大三则设置实践性较强的专业课程，同时大二大三穿插相应的专业选修课程，或根据课程需要进行短期实习，大四则主要为实践性课程，包括毕业实习、论文撰写等。只有这样，才能使课程设计整体更具合理性和科学性，进而保证大学生人才培养的质量。

（四）完善创新课程实施

高校课程实施中的教学目标、教学设计和教学方法三方面仍有待改进。因此，从这三个方面进行课程实施的优化，将有助于提升学生的学习效率，进而提升高校大学生人才的输出质量。

1.注重提升学生能力素质

课程实施过程中的师生地位问题始终是一个极具争议的问题。长期以来，教师始终被认为是课程实施的主体，传统思想观念难以快速转变，这就导致了目前的课程实施仍旧以教师"灌输"为主，学生缺乏主观学习意识和思维创新能力。因此，为了使学生主动学习、全面发展，就要尽快转变观念，遵循"学生主体、教师主导、师生互动"的原则进行教学实施。首先，在教学观念上，坚持以学生为中心，在课程实施过程中多关注学生的心理和情绪变化，多考虑学生的参与程度，积极引导学生参与讨论、表达观点，以激发学生课堂学习的积极性；其次，在教学方法上，教师应根据课程内容和学生发展阶段的特点，采用适当的教学方法，尤其是对互动教学法、情境教学法等引导性较强的教学方法的应用，以引导学生主动思考、发现和解决问题。

2.创新线上线下教学模式

数字化经济时代的到来打破了传统课程实施局限于课堂教学的现状，"MOOC＋SPOC"为主的线上线下混合教学模式逐渐被越来越多的院校所接受，微课、翻转课堂等也成为当前教学技术改革的主要趋势。因此，旅游管理专业也应进行相应改革，采用线上线下混合式的教学模式，打造旅游管理专业的"金课"体系，以快速、全面地提升学生培养的质量。具体来说，可以在教学中采用"MOOC视频讲授＋教师课堂应用"相结合的方式，即线上平台完成知识体系构建，线下课堂进行针对性训练和补充。此外，通过MOOC的在线讨论、评价或作业布置等功能，教师可以在充分掌握学习者学习情况的基础上，有针对性地进行课程指导。这种"知识、思维、能力"共同培养的教学模式不仅能增强学生自主学习的能力，同时也能够提升教学效果。

3.强化第二课堂实践效果

"第二课堂"是基于第一课堂提出来的，对于高校专业课程来说，"第二课堂"的构建主要可以从联合培养、全域实习、社会实践等方面着手。就联合培养来说，一方面可以开展"校校合作"，加强与国内外相关高校的联系，举行人才交流和互相培养的活动和项目；另一方面可以加强"校企合作"，将原有的合作企业范围扩大到外企、国内外知名企业等，为学生提供对外实习平台，以培养学生的国际视野、国际语言和业务能力。例如，旅游专业的全域实习，学校作为学生专业实践的组织者，横向上应该积极地与不同类型的旅游或酒店企业建立联系，扩展学生的实习平台，纵向上则施行"短期＋轮岗"的实习模式，使学生在限定的实习期内尽可能多地体验不同的岗位，实现人才培养与各类旅游业需求的完美对接；就社会实践来说，可组织同学尽可能多地参与各类社会实践活动、专业竞赛、创新竞赛等，通过竞争和比较认清自己与他人的差距，进而努力提升自身能力。

（五）科学实施课程评价

高校课程评价的依据、内容、时间和结果等的设置仍有需要改进和优化之处，因此，从下面三个方面提出优化建议，以期进一步提高学生对课程评价体系的认可度，提升人才培养的质量。

1.以行业现状为依托

目前，高校专业课程评价仍旧以成绩为主，对学生操作技能、职业能力等的考察为辅，甚至不做相应考察，这就导致学生形成了"唯分数"思想，而忽略了对其他能力的关注和锻炼。因此，为了更加全面地考察学生的综合素质，应以能力本位为评价标准综合考核学生的各方面能力，主要评价依据包括三个方面：①学生对基础知识和基本技能的掌握和运用能力；②学生的职业能力、文化素养、服务能力、应变能力、创新能力以及团结协作能力等；③学生的意志、人格、情感与个性等非认知因素。只有确立科学合理的评价依据，构建多层次、多维度的评价体系，才能对学生的学习和发展给出正确有效的评价，进而提出促进学生全面发展的建议。

2.以学生发展为宗旨

高校专业课程评价均采用书面考试的形式对学生进行总结性评价，但这种单一的评价方式已经难以满足学生全面化发展的需求。因此，以能力形成的渐进性为依据采用过程性评价和总结性评价相结合的评价方式将更有助于激发学生的学习积极性和新鲜感。其中，总结性评价仍以理论考核的形式为主，如卷面考试、论文撰写等。而过程性评价则可以使考核形式更加多元化：①日常作业提交网络化，如运用网络教学平台上传文本、音频、短视频等作为日常考核作业；②考核形式创新化，如通过竞赛等专业技能竞赛考核学生的职业技能，或通过布置作业使学生完成情境模拟任务，考核学生的职业能力；③考核过程实践化，如鼓励和指导学生参加科研竞赛、社会调研等实践活动。只有过程性评价与总结性评价齐头并进，同时关注学习的过程和结果，才能及时发现和解决问题，进而帮助其健康、全面地发展。

3.以科学公平为原则

课程评价对课程建设起着重要的效果监测作用，而评价时间则是保证监控有效性的重要因素。目前大多数院校都采用总结性评价，评价时间通常设置在学期的中期，进行中期考核，或设置在期末进行统一的考试。此种评价方式存在两方面不足：①评价不够及时，很难及时发现和解决学生在学习过程中遇到的临时性难题；②总结性评价多采用纸质试卷形式，通过量化打分进行考核，很大程度上由任课老师一人决定成绩，存在一定的不公平现象。因此，课程评价应改用过程性评价与总结性评价兼用、质性评价与量化评价兼具的方式，构建科学化、高效化的评价体系，以保障课程评价的及时化和公平化，进而对学生的整个学习过程起到良好的监控和管理作用，以保证学生的效率与效果。[1]

---

[1] 刘萍萍，何莹.现代高校教育教学管理现状与创新发展［M］.北京：中国原子能出版社，2021.

第八章　创新思维教育教学管理机制的建设

第一节　教育教学管理的辅导员队伍建设

在中国高校，辅导员是一个特殊的职业群体，他们具有教师和管理者的双重身份，既是高校教师队伍的重要组成部分，也是高等学校从事德育工作、开展大学生思想政治教育的骨干力量，是大学生日常思想政治教育和管理工作的组织者、实施者和指导者，是大学生健康成长的指导者和引路人。其地位身份之特殊、责任使命之崇高，足以说明建设好这支队伍的重要性。

一、学校辅导员队伍的职业特性

（一）学校辅导员工作的主要内容及其相互关系

辅导员是高等学校教师队伍的重要组成部分，是高等学校从事德育工作、开展大学生思想政治教育工作的骨干力量，是大学生健康成长的指导者和引路人。

1.学校专职辅导员是大学生思想政治教育和日常管理工作的组织者和指导者。学校专职辅导员工作在学生思想政治教育的第一线，大学生的日常思想政治教育主要由他们来组织实施和引导。组织学生学习中国共产党的光荣历史，培养学生的爱国主义精神的是专职辅导员；培养学生崇高的民族自豪感和自信心的是专职辅导员；引导学生关注时政和国家建设，了解我们国家和社会现实的也是专职辅导员；指导学生党支部和班委会的建设，培养学生党员和学生骨干的同样还是专职辅导员。

2.学校专职辅导员是学生成长成才的导师。学校是培养社会急需的高层次应用型人才的地方，其核心是塑造人的教育。大学时期，是青年学生完成世界观、人生观和价值观的定型时期。专职辅导员所要起的作用就是在学生世界观、人生观、价值观形成和变化的关键时期，发挥重要的教育和引导作用，解决青年学生在成长过程中碰到的各类问题，为学生指明正确的发展方向，促进学生的人格完善和成长成才。

3.学校专职辅导员是大学生最值得信赖的朋友。学校的专职辅导员要成为学生健康成长过程中最值得信赖的朋友，只有和学生成为朋友，深入学生当中，方能了解学生的生活、学习和思想状况，学生才愿意与之交流和沟通。这样，专职辅导员才能真正影响学生、引导学生，才能成为大学生的人生导师，才能更顺利地完成大学生的日常思想政治教育和管理工作。

在这几个层次的工作内容中，学生思想政治教育是辅导员的核心工作，学生成长成才指导是主体性工作，学生日常事务管理是基础性工作。

（二）学校辅导员工作的主要特征及其关系

从上述三个方面的内容可以看出，学校的辅导员工作的对象是大学生，因而决定了其工作性质具有以下三个特点：

1.对象的善变性。即辅导员面对的是一个个不同的具有特定价值倾向且处在不断变化和发展之中的大学生，后者的善变性和可塑性决定了辅导员职业的挑战性和创造性，同时也对辅导员的思想境界、教育理念、教育能力、工作艺术提出了更高的要求。

2.内容的复杂性。辅导员工作千头万绪、纷繁复杂且没有时空边界，辅导员不仅是大学教育的重要力量，而且是各种教育要素的协调者，既要把握校内教育资源，又要整合社会与家庭教育资源。

3.影响的长效性。辅导员的工作方法是多种多样的，对大学生成长的影响也是多方面的，既需要丰富的学识智慧濡染，又需要自身的人格感召，辅导员与大学生的交往也是相互的或者是双方乃至多方互动的，其工作机理在于潜移默化、长效促进。

（三）由工作内容和性质提出的辅导员素能要求

由上述辅导员的工作内容和性质分析可知，辅导员确需具备教师和管理者的双重素质和能力。具体来说，主要应做到：

1.高学历。这是其具备渊博知识和丰富智慧的一般前提条件，也是赢得大学生信任的主要前置内涵，自然也是做好辅导员工作的重要因素。同时，这里所说的高学历乃是相对于辅导员的工作对象而言的较高学历，不应理解为片面追求高学历甚至最高学历。

2.高素质。辅导员工作主要是做人的工作，其行为规范、道德品行、言语能力、奉献精神等都是十分重要的，缺少了高素质，辅导员工作一定做不好。

3.高水平。它需要有经验和知识的积淀，也需要有处理复杂问题的技巧和艺术，辅导员要善于发现问题、分析问题、解决问题，有能力推进系部、专业学生面貌既健康向上、生机勃勃，又保持平衡有序。

二、当前学校辅导员队伍面临的挑战

（一）人员配置失衡

专职辅导员队伍中，出身于心理学、教育学、伦理学、政治学、社会学等相关学科背景的偏少，由于没有扎实的学科理论功底，实际工作中难以在方法论上进行深入探索，从而无法向学生解释清楚现实中的一系列新情况、新问题。近年来学校的专职辅导员数量猛增，引进的基本上是刚毕业的应届毕业生，加上辅导员岗位人员流动性大，队伍普遍呈现年轻化态势。年轻辅导员政治上的不成熟，导致其对复杂的思想政治教育力不从心。

（二）发展通道受阻

专职辅导员的工作压力主要来源于以下方面：自身发展前途与方向、工作量大、工作职责不清，还有其他一些因素也使得辅导员在工作中感受到压力的存在。如学生思想观念日益复杂多元、工作中的突发性、应急性事件等。

（三）工作体系不健全

通过问卷分析可以看出，学生工作体系不健全，付出与所得的薪酬待遇不对称，学校缺乏周密详细的专职辅导员培养、培训项目及实施计划，专职辅导员很少有机会参加专业进修，单位对专职辅导员的工作业绩评价、考核不公正、不合理，工作经常受到非职责范围内事务的干扰，烦琐的事务影响了个人业务的提升等，在一定程度上影响了专职辅导员工作的积极性。

三、影响学校辅导员队伍建设的主要因素

导致学校专职辅导员队伍建设存在问题的因素很多，具体来说，主要有以下几个方面。

（一）学校对专职辅导员队伍建设缺乏足够重视

《教育部关于加强高等学校辅导员班主任队伍建设的意见》指出，加强辅导员、班主任队伍建设，是加强和改进大学生思想政治教育的重要组织保证，对贯彻落实党和国家的教育方针，把大学生思想政治教育的各项任务落到实处，具有十分重要的意义。在此之前，党中央国务院还就加强高校学生的思想政治教育出

台过专门的文件，教育部也就加强辅导员队伍建设连续出台配套文件。但是在实际工作中，"上有政策，下有对策"的现象比较严重，各学校对辅导员队伍建设重视程度不一，政策落实力度不强。调查发现，部分学校的党政领导对专职辅导员工作重要性的认识还没有达成共识，重视不够、配备不全、措施不力。目前学校辅导员队伍建设存在的主要问题有学校主要领导不重视、辅导员队伍建设经费不足、在专职辅导员学历深造和进修提升等方面没有政策支持、没有建立健全专职辅导员队伍建设的工作机制等，导致专职辅导员队伍业内发展渠道不通畅，社会地位和职业评价普遍不高。

（二）专职辅导员的职业准入制度不严

根据职业要求，学校的专职辅导员应该具备较高的思想政治觉悟，其专业知识背景应与辅导员的岗位要求相适应，如心理学、教育学、思想政治教育等，同时还要具备与辅导员工作相匹配的职业素养和职业能力。但是在选拔招聘专职辅导员时，几乎所有学校都把"是否为中共党员"或"是否毕业于重点高校"作为应聘人员的素质考察指标。一旦人员确定，对其进行简单的工作培训后就认定其达到了上岗标准，至于所应聘的人员是什么专业背景、其能力是否达到辅导员工作的要求则被放在次要位置。

在职业规范方面，随着时代的进步与高等教育的发展，高校学生工作实际对专职辅导员的职业能力和综合素质的要求也越来越高。为应对形势的需要，当今的专职辅导员不仅要知识渊博，而且其人格魅力也一定要强，专业技能也一定要硬。遗憾的是，我国目前尚未出台专门的辅导员职业资格认证制度，职业资格标准建设也尚在起步阶段。

（三）学校专职辅导员培训工作薄弱

要提升专职辅导员队伍专业水平和业务能力，对专职辅导员开展不同层次和类型的培训是一个重要途径。学校对专职辅导员培养培训工作薄弱，是导致队伍整体水平不高的一个重要原因。

在实际工作中，学校对专职辅导员的培训普遍缺少针对性和系统性，无法做到像对待专业教师那样，将专职辅导员的培训纳入学校师资提升规划之中。大部分情况下，当专职辅导员意识到知识的匮乏时，只能通过自学来达到"自我提升"，但由于日常事务太多太杂，绝大部分专职辅导员又无法做到全身心地投入自学。鉴于此，部分辅导员会不自觉地放松政治理论及有关专业知识的学习，致使自己的政策理论水平偏低，实际工作能力无法有效提高。当学生提出的一些政治思想或其他方面的问题不能有效地运用科学的理论去引导和说服，也不能与时俱进地对学生的学习生活给予有力的指导，这些往往会使得专职辅导员在学生中的影响力、威信、说服力受到削弱。

（四）学校专职辅导员业内发展机制缺乏

目前，学校专职辅导队伍建设中出现的问题，绝大多数是因为专职辅导员业内发展机制缺乏造成的。一是身份不明确，尽管教育部明确规定，辅导员具有教师和干部的双重身份，实际上，相当部分学校对辅导员的身份归属仍比较模糊，把他们等同于教辅人员和管理人员，其教师身份在校内难以得到认同。二是职责不明晰。辅导员承担着学生政治思想教育，日常事务管理和大量行政工作，直接导致辅导员"几手都在抓，几手都没硬"。辅导员承担角色多，职责跨度大，工作战线长，一方面让他们对工作应接不暇、疲于应付，产生职业倦怠和工作盲目性，另一方面繁重的工作也让他们失去继续学习的条件和动力，导致队伍后劲不足，作用发挥不理想。三是发展前景不明朗。一些学校对辅导员队伍建设缺乏整体规划，发展机制不健全，分流渠道不畅通，是辅导员队伍发展出路和职业前景的最大阻力。现有的职务职称评定办法、专业化职业化发展等瓶颈性问题制约了辅导员队伍的可持续发展，职业认同感较差，缺少必要的发展空间，导致辅导员队伍整体不稳定，缺乏长期坚持的工作动力和积极性。

四、对加强学校辅导员队伍建设的整体思考

加强学校专职辅导员队伍建设，是一项复杂系统的工程，要做好学校的专职辅导员队伍建设工作，就得从合理配置并优化专职辅导员队伍的结构、建立卓有成效的专职辅导员队伍激励制度、健全专职辅导员的培训体系等方面着手，加强对专职辅导员的科学化管理。

（一）合理配置并优化专职辅导员队伍的结构

学校的专职辅导员是学生在校期间寻求指导最多、联系最为紧密的人群，所以学校要针对当前高等教育的发展实际，按照德才兼备和精干的原则，合理配备一线专职辅导员的数量，并要优化这支队伍的结构。

1.保证专职辅导员的数量。由于近年来学校人事管理制度的多元化，使学校专职辅导员的来源不再局限于单一的渠道，形式是多种多样的。专职辅导员的"进口"渠道多了，如果不严格把好关口，势必会鱼龙混杂，降低专职辅导员队伍的质量。因此，我们要优化学校的专职辅导员队伍，至关重要的是要把好"进口"关。在把住进口的同时，还要开通"出口"，对工作业绩不佳，经实践检验不适合辅导员工作的人员能够及时调整出去，形成"能上能下、能进能出"的良性机制。

2.严格专职辅导员的准入制度。学校要在源头上把好专职辅导员队伍的入口。在招聘专职辅导员时，应按照德才兼备的宗旨，坚持公平、公正、公开的原则，

遵循政治强、业务精、纪律严、作风正的素质要求从品学兼优的高校毕业生、优秀青年教师中选拔、培养专职辅导员，以保证这支队伍的总体素质。一般而言，在我国学校从事学生思想政治教育及学生事务管理工作的专职辅导员必须是中共党员，要具有坚定正确的政治方向、敏锐的政治洞察力、政治鉴别力，并能坚持党的教育方针。

3.要把握专职辅导员队伍的五个结构。学校要在专业、学历、职称、年龄、性别等方面把握好专职辅导员队伍的五个结构。第一是专业结构。因为学校的学生思想政治教育和日常事务管理工作是一门科学，它涉及思想政治教育、心理学、社会学、伦理学、教育学和管理学等专业领域，这就需要从事该项工作的专职辅导员必须具备上述学科的专业背景。第二是学历结构。随着高等教育的不断发展，学生的思想观念日趋多元，学生思想政治教育及日常事务管理工作迫切需要高学历的专职辅导员加入，因为高学历的专职辅导员不仅能更深刻地分析、探讨、研究学生的思想政治工作，还能在学生中更好地树立威信。第三是职称结构。学校应创造条件打破专职辅导员职称评审的瓶颈，形成高中低梯次合理的专职辅导员职称结构，因为合理的职称结构能在具体的工作中发挥高职称辅导员的"传、帮、带"作用，促进低职称辅导员的快速成长，同时，搭配合理的职称结构也是专职辅导员队伍综合实力的体现，有利于维护专职辅导员队伍的稳定。第四是年龄结构。实际工作中，不同年龄段的专职辅导员有着不同的工作特点，因为年龄不同，其阅历和经验也各有不同。比如年轻的辅导员思维活跃、观念新颖、工作有激情，且容易和学生打成一片，工作年限久、年龄稍长的辅导员经验丰富、见多识广，当面临复杂问题和突发事件时，他们能巧妙应对，周到处理，因为年龄的关系，年长的辅导员在工作中更容易让学生信服。第五是性别结构，辅导员就其工作内容和性质而言，并无性别上的刻板区分，但不同性别的辅导员由于与生俱来的性别特质，给予大学生潜移默化的教育效果和影响方式却会有所不同。目前不少高校中女性辅导员明显多于男性。针对这种性别结构现状，辅导员队伍建设应充分重视两性性别特质的优势互补，形成整体合力，给学生全方位的影响。

（二）建立卓有成效的专职辅导员队伍建设激励制度

1.打通专职辅导员的职称评审瓶颈。因为专职辅导员角色和岗位性质的特殊性，学校应将专职辅导员列入教师编制，实行教师职务聘任制，在职称评定方面给予适当倾斜。专职辅导员可以申报政工系列、教师系列和研究系列职称，侧重于考核思想政治素质和工作实绩。学校要根据自身所具有的评审权和有关政策规定，组织专门的思想政治教育职称评审组织，负责专职辅导员的职称评审、推荐工作。在专职辅导员的职务聘任中，要充分考虑思想政治工作实践性强的特点，注意考核思想政治素质、理论政策水平及从事思想政治工作的实绩和能力。

2.理顺专职辅导员的管理体制。理顺管理体制是专职辅导员队伍长效性建设的重要一环。目前实行的管理体制中,大多数学校的专职辅导员的编制在二级分院或系部中;日常工作的安排、考核在二级分院(系)部、学院学工部、团委;而任用、选拔、提升、流动由院党委组织部和人事处负责。这样就形成多重管理、考核的局面,导致专职辅导员工作责任不明确,任务又过于繁重,难有成就感;而在培养和出路上又少人问津或只停留于纸上或口头上,以致专职辅导员不得不自谋出路,争先恐后地"分流"。学校要出台专门的制度,明确专职辅导员的岗位工作职责,做到目标任务清晰,工作落实有章可循。

解决了体制问题,就会增强专职辅导员的职业归属感,也就明确了专职辅导员的工作责任,使他们能够感受到作为一名辅导员有自己的工作阵地和进一步发展的可能,是一项可以长期从事的职业,这是实施专职辅导员职业化的前提。

3.明确专职辅导员的出路和待遇。学校要关心专职辅导员的工作、生活和出路,认真落实有关政策,从制度上解决好他们的职务、职称、待遇、发展等问题;完善专职辅导员的评优奖励制度。将优秀专职辅导员的表彰奖励纳入各级教师、教育工作者表彰奖励体系中,按一定比例评选,统一表彰;要树立一批专职辅导员工作先进典型,宣传他们的先进事迹,充分肯定他们在大学生思想政治教育中的贡献;专职辅导员的岗位津贴要纳入学校内部分配体系筹考虑,确保专职辅导员的实际收入与学院同级别、同层次的专任教师的实际收入水平相当;专职辅导员应享受所聘岗位的岗位津贴;学校在院内教职工福利方面,专职辅导员应与本院相同资历、相应职务的专任教师享受同等待遇;学校要统筹规划专职辅导员的发展出路。通过以上措施,在动态中不断优化专职辅导员队伍,促进干部交流,建立积极向上、不断进取的选拔培养机制。

(三)建立健全专职辅导员的培训培养体系

学校需关心专职辅导员的成才成长,加大对这支队伍的培训培养力度。要通过发挥学校内部学生工作经验丰富的老教师的传帮带作用,积极创造有利于专职辅导员开展工作实践和研究的教学科研条件,同时要坚持培养和使用相结合的原则,促进专职辅导员队伍的整体水平提升。

1.加大专职辅导员队伍培训培养力度

(1)坚持培养和使用相结合的原则,加强对专职辅导员的培养和提高。学校坚持培养和使用相结合的原则,加强对专职辅导员的教育和培养。通过组织经验交流、提高学历层次、定期培训、外出进修、参观考察等多种形式的培养教育活动,不断提高他们的政治理论素养和政策水平,增强敬业精神,努力提高组织管理工作水平和工作技能。要将专职辅导员的培养纳入学校师资培训规划和人才培养计划，享受专任教师同等待遇。

（2）建立长效性的培养制度，切实促进专职辅导员队伍的整体水平提升。学校要建立长效培养制度，对专职辅导员定期进行培训，如岗前培训、日常培训、专题培训、更新知识培训等各种形式的岗前培训和在岗培训，培训内容主要包括马克思主义基本理论、时事政策、管理学、教育学、社会学和心理学，以及就业指导、学生事务管理等方面的知识和技能。对专职辅导员的培训要纳入学校的师资培训规划，由组织部、人事处及学生工作部负责实施。原则上每年对专职辅导员队伍至少进行一次业务培训，对新从事学生工作的专职辅导员进行一次岗前集中培训，每年与省内外院校进行校际交流1—2次，每两年组织一次省外学习考察。

2.创造专职辅导员结合工作实际开展教学科研的条件

由于专职辅导员所从事的学生思想政治教育与日常事务管理是一门科学，所以学校要充分依托本校思想政治教育学科的资源优势，鼓励和引导专职辅导员挂靠思想政治教育或人文素质与职业素养教研室，为专职辅导员的专业化和职业化发展提供学科支撑。同时，要创造条件支持一线专职辅导员开展与实际工作有关的实践性研究，推动专职辅导员队伍由"埋头苦干型"向"实践——研究型"转变。条件成熟的学校最好能为专职辅导员配备专门的导师，通过一对一指导来提升辅导员的理论素养和科研水平等。学校要把学生思想政治教育与管理的研究纳入哲学社会科学科研管理范畴，规范管理。充分发挥学校思想政治工作研究载体的作用，为专职辅导员开展研究工作提供平台。学校要划拨研究专项基金，采取招标和委托的方式，就大学生思想政治教育中迫切需要解决的若干重大问题，支持专职辅导员开展应用性、前瞻性课题研究。支持和鼓励专职辅导员承担大学生思想道德修养与法律基础、形势政策教育、心理健康教育、就业指导等相关课程的教学工作，并合理核定其工作量。把专职辅导员开展教学和科研的情况作为年度考核和职称评定的重要依据。

总之，要培养出既有过硬的思想素质又能适应时代发展需要的应用型技能人才，从事高等学生管理的一线专职辅导员责无旁贷。在大力推进素质教育和加强大学生思想政治工作的今天，迫切需要建设一支思想品德过硬、专业素质扎实、工作能力和敬业精神较强的适应高职学生管理的长效性的专职辅导员工作队伍。

第二节 教育教学管理的班主任队伍建设

一、学校班主任的地位与作用

辅导员和班主任是高等学校教师队伍的重要组成部分，是高等学校开展大学生思想政治教育的骨干力量。班主任负有在思想、学习和生活等方面指导学生的职责，是大学生健康成长的指导者和引路人。

（一）学生成长需要班主任的扶持

斯坦福大学教育专家内尔·诺丁斯在《学会关心—教育的另一种模式》一书中指出，"强调教育的道德意义，主张教育应该培养有能力、关心人、爱人也值得人爱的人"。如果学生没有处于一个被教师关心的环境中，很难想象他们如何学会关心他人以及公共事务。

（二）班主任是班级工作的核心

在思想政治教育中，班主任是班级的直接管理人，是开展学生思想政治教育活动的组织者。在安全稳定工作中，班主任是对学生进行安全稳定教育的责任人，负责掌握学生动态、了解学生需求、消除安全稳定隐患。在日常学生管理中，班主任是落实学院学生管理的一线教育工作者，是提供学生动态信息的主要来源，是开展家校互动和提高学生就业竞争力的重要力量；在学风建设中，班主任是学生进行学业规划的引导者，在开展诚信教育、考风考纪教育以及鼓励学生积极参与社会实践活动、提高学生创新意识、培养学生创新能力等方面具有不可替代的作用。

（三）班主任是班级的灵魂

班主任是一班之主任，他从新生入学到毕业都在带班，可谓是，与学生千日相连、朝夕相处，毕业后仍会保持十分密切的联系。学校有什么任务乃至通知都通过班主任传达或安排；党组织要吸收学生入党，不管班主任是不是党员，也要听听班主任的意见；至于评选考核、推优评奖，与班主任更有直接的关联。人们在列举学生情况时，往往都说是哪个班的，甚至是哪个人（指班主任）的。毕业后回校或遇见校友，都会问或答我是哪个人（指班主任）班上的，或者称班主任是谁。一般地说，在专科、本科阶段，只有当过班主任的教师才会理直气壮地说"某某是我的学生"，相当于硕士和博士阶段的导师和研究生之间的关系。由于班主任与班级学生联系的广泛性、密切性、频繁性和长期性（高职一般三年连贯），使得班主任对学生的影响非常直接、非常广泛乃至非常深刻，一定意义上讲，班主任是班级的灵魂。

（四）从事班主任工作可提升教师能力，促进教书育人工作

教师担任班主任，一是可以促进教师进一步深入学生和了解学生，更好地把握学生的需求和特点，为更好地开展教学活动打下良好的基础；二是可以提高教师的组织管理、沟通交流和处理复杂问题的能力，让他们积累丰富的学生工作经验，促进理论知识与具体实践的相互促进融合，全面提高教师的自身能力和综合素质。三是可以将教书和育人工作有效结合。早在20世纪前半叶，伟大的人民教育家陶行知先生就十分明确地提出他的主张"学校是施教育的地方，教员负施教育的责任""先生不应该专教书，他的责任是教人做人。"可见，教书育人是教师的天职，是教育工作应有之义。高校班主任制将教书和育人的两大职能有机结合，体现了教师天职的要求。

以上各方面的现实需求奠定了班主任在高校系统中的地位，也充分体现了班主任在育人工作中的特殊地位。

二、学校班主任的角色定位

班主任作为开展大学生思想政治教育的骨干力量以及大学生健康成长的指导者和引路人，在工作中扮演着多重角色，发挥着多种不同的职能，从多个方面体现着班主任对学生成长成才的重要价值。

（一）班级工作的组织管理者

班主任作为班级事务的第一责任人和主要管理者，全面负责所带班级的日常管理工作。从学生入学至毕业的4年间，无数大大小小的事情都是在班主任的指导下，师生相互配合协作得以完成的。班主任如同掌舵手，在把学生输往顺利毕业和优质成长成才彼岸的过程中，在确保学生安全稳定的基础上，既要把握好班级的前进方向，又要善于处理协调班级工作的具体事宜。学生的思想政治教育、班风班纪教育、评奖评优、学生干部队伍建设等各项工作都与班主任日常工作密切相关，因此，班主任的重要任务之一是担当好班级工作的组织管理者，从宏观上掌控，从全局上把握，从细微处着手班级的各种事务，充分调动学生的主动性和积极性，营造积极向上的班风学风，营造良好的学习成长环境。

（二）学生成长路上的指导者

高等教育是一种以培养适应未来社会的具有较高思想道德素质和科学文化素质的准职业人的教育，其在人才培养目标、办学理念、教育模式、教学方式等各个方面都与中学教育存在着较大的区别。高职新生由于缺乏对大学的正确认识和深入了解，面对全新的高校生活往往表现出对新环境的不适应与对个人发展方向的迷茫困惑。部分学生存在着不自信心理和对目前所学专业茫然和不认可的心态。同时，处在不同阶段和不同专业的学生会面临各自不同的问题，这些问题与学生的日常生活、学习发展以及自身利益息息相关，若不能及时有效地处理将会对学生的成长成才带来或多或少的影响。因此，班主任对于学生成长过程中遇到的种种困惑给予指导和帮助就显得尤为重要，班主任的重要角色之一便是做好学生成长路上的指导者和引路人。

（三）人生观和价值观的引导者

班主任是青年学生道德品质的塑造者和人生观、价值观的引导者。大学期间是学生的道德修养、理想信念、人生观和世界观形成奠定的重要时期，学生的价值取向和道德追求很大程度上取决于其所接受的学校教育和文化熏陶，而班主任是与学生接触最多、联系最紧密的教师，其思想观念和言谈举止会在无形中对学生的思想观念产生潜移默化的影响。因此，班主任要做好学生人生观和价值观的引导者，以日常思想政治教育为契机，引导学生树立正确的世界观、人生观和价值观，教会学生在复杂多变的社会环境中坚定立场、坚持原则、坚守信念、明辨是非。

（四）班级活动的主导者

班主任是班级活动的策划者。班级重大活动的开展，离不开班主任的指导以及学生干部的配合执行。一个学期举办什么样的班级活动，如何举办活动，活动要达到的目的和效果是什么，需要班主任审核把关。其中的一些具体活动，还需要班主任提供指导，学生负责具体事务的执行落实，双方相互配合，才能顺利有序地开展下去。例如，主题班会的开展，需要班主任围绕当前的中心工作并结合本班学生的实际特点进行组织策划，并以此逐步教会学生处理问题的思路和方法。

（五）学生的良师益友

和谐良好的师生关系应是一种亦师亦友的关系。作为班主任，除了需要以师长的身份引导教育学生，也应该以朋友的身份深入到学生中间，赢得学生的信任与喜爱。这也就是班主任既要在学生中树立威信，履行传道授业解惑的职责使命，关心关爱学生的成长成才，尽己所能为学生的发展和需要提供指导和帮助。同时，班主任又要与学生打成一片，俯下身子以朋友的身份拉近与学生的距离，增进师生之间的情谊，倾听学生的真实心声，敞开胸襟接受学生提出来的意见和建议。除此之外，班主任还要积极发扬民主精神，抛弃师生之间呈二元对立的管理与被管理的陈旧观念，淡化师长身份，与学生平等对话、亲切交流，形成亦师亦友的良好师生关系。

三、学校班主任应具备的素质

学校班主任身处学生工作第一线，是学生从学校到社会过渡的导航人，扮演着多面角色，承担着来自多方面的工作，应具备良好的综合素质。

（一）思想政治素质

班主任是学校思想政治教育工作队伍中的重要组成部分，是开展大学生思想政治教育的骨干力量。班主任的思想政治素质主要包括三个方面：一是自身的政治理论水平。班主任应当具有较高的政治理论水平和马克思主义理论基础，及时学习党和国家的最新路线方针政策，以自己理论知识和文化修养去影响学生。二是积极进取的精神。政治理论水平的高低并不能代表思想觉悟的高低，关键在于理论学习之后通过自身的思考将理论上升为行动的指南，使理论真正成为推动实践和提高业务的动力，并以积极进取的精神感染带动学生成长。三是自身的道德修养和师德师风。学高为师，身正为范，作为一名学校班主任，在教育学生、管理学生和服务学生的过程中，如果具有良好的道德修养和师德师风，具有明确的善恶是非观念，那么他在做学生思想政治教育工作时，就可以通过身教的力量做好学生的思想政治教育工作。

（二）业务素质

班主任工作是一项十分讲究工作方法和技巧的综合性工作。班主任在实际工作中会面临多种问题，面对班级可能发生的事情，需要班主任具备扎实的业务水平，拥有丰富的知识储备，并且善于灵活运用知识。因此，班主任业务素质的提升对于提高班级管理的成效性具有重要的作用。首先，班主任需要加强业务学习，不断通过日常学习充实完善自身的知识结构，掌握与学生教育管理工作相关的教育学、管理学、心理学、思想政治教育原理与方法等多方面的知识，了解与学生管理相关的各种规章制度和实施办法，研究当代大学生的心理特点和成长规律，加深对班级管理和思想政治教育的理解与把握。其次，班主任应当主动学习、了解与自己所带班级学生专业相关的基础知识，从而更有针对性地对学生开展专业方面的指导，增进与学生之间的沟通交流。通过系统地了解教育目的和教育原则、教育过程和教育方法，科学地调控教育环境，合理利用各种教育资源，把握学生的最新动态，达到最佳的教育效果。

（三）心理素质

班主任工作对于学生的成长成才起着重要的影响作用，这要求班主任首先必须具备强烈的事业心和责任心，对学生工作怀有高度的热情和主动负责的精神，用爱心、关心、耐心和细心把班主任工作当作一项崇高的事业来对待和追求。其次，班主任应具备良好的心理素质。心理素质较好的人，面对各种问题能处乱不惊，通过自己敏锐的观察和客观的推断找到问题的关键所在并采取正确的方法予以解决。具有必要的心理健康知识的人，可以及时发现并有效化解学生的心理冲突，可以合理利用校内外资源做好学生的心理健康教育，培育心智健康的学生。除此之外，拥有年轻健康心态的班主任也更容易和学生相处，更容易成为学生的知心朋友，从而更好地开展学生工作。

四、学校班主任队伍结构

按照系统论的观点，一个系统能否产生较强的功能，取决于两个基本的因素：一是构成系统的要素质量；二是系统要素之间的组合联系方式，即系统的结构。学校要根据实际工作需要，对班主任工作队伍进行科学的结构配置。其中，一支结构合理的班主任队伍主要体现在以下几个方面：

（一）年龄结构

年龄结构主要是指班主任队伍人员结构中，不同年龄人员的比例构成和相互关系。年龄是一个衡量个体成熟程度的重要特征量，不同年龄的群体在身心特点、性格气质和思维方式等方面都有较大的差异，不同年龄的教师具有不同的优势，教育和管理学生所运用的方法与手段也不尽相同，因而它是班主任队伍人员结构中的一个重要因素。例如，老年教师的教学经验较为丰富，教学基本功底扎实，但可能激情和活力相对不足，且可能会与学生之间存在较大的代沟；青年教师充满激情和活力，教学方式和手段比较新颖多样，较易与学生打成一片，但是实际教学经验比较欠缺，处理问题的能力相对欠缺；中年教师兼具了老年教师与青年教师的优势，但往往由于家庭、生活、教学、科研等事务缠身而导致投入到学生身上的时间和精力有限。因此，在加强学校班主任队伍建设中，我们应考虑把不同年龄段的教师吸纳进来，全面覆盖到"老马识途"的老年教师、"中流砥柱"的中年教师、"生机勃勃"的青年教师，使不同年龄阶段人员的优势互补，从而构成一个老、中、青相结合的比例均衡的综合体，并使此结构处于不断发展的动态平衡中。

（二）知识结构

知识结构主要是指班主任队伍中具有不同知识水平和知识结构的人员的比例构成和相互关系。从知识水平来看，学校教师的知识有多少之分和深浅之别，学历层次涉及从本科到博士各个层次，并且教师的教学和科研水平也有着显著的差异。从知识结构来看，学校各系部教师的专业五花八门，跨度较大，涵盖了学校所有的学科门类，每位教师所擅长的具体研究方向不尽相同。因此，要打造一支拥有合理知识结构的学校班主任队伍，必须将不同知识水平和知识结构的人员编排进来，结合每名教师的特点和长项，分别担任不同年级和不同专业的班主任，并且尽量保证班主任所学的专业与所带班级学生的专业相同或相近，以便更好地对学生开展学业和专业指导。另外，在知识水平方面，应当由初级、中级、高级职称的人按一定的比例构成，一方面鼓励知识水平相对较弱的年轻教师积极投入学生管理工作，另一方面也可以充分发挥中高级职称教师对年轻教师的引领和带动作用。

（三）能力结构

能力结构主要是指班主任队伍中，具有不同工作能力人员的比例构成和相互关系。每名教师所擅长的能力各有不同。班主任能力主要包括专业能力和个人特长两个方面，其中个人特长包括演讲表达能力、动手实践能力、社会调研能力、写作表达、组织策划能力等各种具体的能力水平。专业能力和个人特长分别对于帮助学生进行学业指导和发展学生的综合素质具有重要的作用。例如，可以安排动手实践能力较强的老师担任工科专业类教师，指导学生开展各类电子机械类作品制作；安排喜好计算机的教师担任信息技术类专业班主任，安排有丰富社会实践和推销经历的教师担任市场营销类专业班主任。通过对不同能力结构的人员进行合理的配置，形成能够发挥最佳效能的有机整体。

（四）性别结构

性别结构主要是指班主任队伍中，不同性别的人员的比例构成和相互关系。思想政治教育工作对象的性别差异，要求思想政治教育工作队伍必须有合理的性别结构。在不同的情况下，应有不同的男女比例组合。例如，对于女生较多的班级，应侧重于选择女教师担任班主任，以便班主任能以过来人的身份设身处地感受女生的一些真实想法，同时这也方便班主任进寝室了解学生的生活情况。但是，性别结构并不意味着男女师生必须一一对应，有时候也要考虑到性别的互补，在性别比例较为失调的情况下选择异性教师能弥补某一方面较弱带来的缺陷，有时反而会给班级带来意想不到的效果。总之，性别结构应在总体平衡的情况下，视具体情况进行调整和配置。

五、学校班主任队伍建设的原则

教育以育人为本、以学生为主体，办学以人才为本、以教师为主体。而班主任是教师队伍的中坚力量，是学生思想政治教育的主要力量，需要以正确的理念和方法加强学校班主任队伍建设，以确保班主任人才层出不穷，活力永驻。

（一）人尽其才，优化配置

建设一支思想素质好、业务水平高、综合素质强的学校班主任队伍，关键在于对教师进行人才资源开发，对学校教职工的知识、能力和素质进行综合测定，科学合理地开发组织和使用，持续不断地增强学校员工的能力，形成群体合力，提高学校整体效能的管理活动。首先，学校要帮助教师对自己进行正确的认识和全面的评估，包括对自身的条件、兴趣、爱好、优缺点、能力和追求的认识或评价，认清自己的脾气秉性、优势才干。其次，学校要注重战略性和整体性，谋求人与事、人与人之间的相互适配，充分发挥教师的潜能和作用，帮助他们制订职业发展规划。再次，学校在对教师职业生涯设计评价的基础上，提供职业发展的信息和职业咨询，制订开发策略，使教师和工作岗位实现良好的匹配。

（二）统筹兼顾，合理引导

学校班主任队伍建设是一项系统工程，不仅要考虑到队伍中人员的数量和质量，还要考虑到队伍的结构性问题以及个体与整体之间的关系，个体与岗位的匹配程度，等等。因此，学校进行班主任队伍建设时，应当秉承统筹兼顾、合理引导的原则，从宏观上掌控，从全局上把握，打造一支结构合理的班主任队伍。在进行队伍的整体设计时，要将设计的出发点和目的告诉班主任，争取每一名个体成员的积极配合，避免因沟通不畅引起误会。同时，要加强对班主任的合理引导教育，帮助班主任树立大局意识，让其充分发挥自身的主观能动性，自觉地与学院的总体要求保持一致。

（三）公平公正，科学考核

为了充分调动班主任工作的主动性和积极性，应制定学校班主任工作条例，进一步明确其工作职责和工作要求。应本着公平公正、奖惩分明的原则，建立科学完善的考评机制，对班主任的工作表现和工作业绩进行客观的评价。考核要坚持定量考核与定性考核相结合。定量是定性的基础和前提，没有一定工作量的付出，不可能会有工作性质上明显的绩效的提高。定性评价是对一个阶段或者一个年度的工作情况给出一个结果。将定量考核和定性考核结合起来，能够保障考核的客观性与科学性。要将考核结果与职称职务聘任、奖惩、晋升等物资和精神奖励挂钩。要完善班主任评优奖励制度，将优秀班主任表彰奖励纳入各级教师、教育工作者表彰奖励体系中，按一定比例评选，统一表彰。要树立一批班主任先进典型，宣传他们的先进事迹，充分肯定班主任在学生思想政治教育中的贡献，并从物质层面、精神层面和个人发展等多方面对优秀班主任给予大力支持。对于工作不称职的班主任要进行批评教育，仍无改进的应调离工作岗位。在事关政治原则、政治立场和政治方向问题上不能与党中央保持一致的，不得从事班主任工作。

通过建立完善班主任工作考评机制，充分调动班主任工作的积极主动性，促进班主任队伍建设朝着规范化、有序化和竞争化的方向发展。

六、学校班主任工作的特征与重点

高等职业教育的目的是培养一线应用型人才，其教育的职业导向尤为明显，高等职业教育中与学生成长紧密相关的班主任工作具有鲜明的阶段性特征。这种阶段性特征要求班主任根据不同阶段学生的身心特点和发展需要开展具有针对性的活动。

（一）大一阶段是帮助学生尽快适应新环境的重要阶段

努力实现从中学到大学的平稳过渡，调整个人认知和心态情绪，使学生能更好地融入大学生活。班主任要注重对大一学生进行学习习惯养成和学业生涯谋划的指导工作。大学与中学的教育管理模式截然不同，而许多学生对大学的认识是非常片面和浅薄的，同时他们也缺乏相应的思想和心理准备，当面临完全不同的大学生活时，他们往往会变得手足无措和迷茫困惑。另外，一些学生在高中时期习惯了一切以高考为中心的学习生活模式，而上大学后由于失去了曾经奋斗的目标，不知道自己努力的方向，从而产生了强烈的无所适从感。这时，班主任需要及时帮助新生调整个人认知和心态，树立新的奋斗目标，指导他们开展以职业为导向的学业生涯规划，让他们尽快找到自己的兴趣点和未来的发展方向。

（二）大二、大三阶段是学生进行知识积累和能力提升的关键时期

在学生逐步适应大学的生活，养成大学的学习习惯之后，就进入了专业知识的学习生活。班主任在这一阶段的工作重点是对学生进行职业能力培养、职业操守养成和职业素质提升。在此阶段，知识传授和技能培养的工作主要由专业教师担任，班主任应主动与之沟通做好专业教育。而一些班主任往往也是专业教师，更应将专业教育与日常学生管理巧妙地融合在一起，实现班主任与专业教师双重角色的有机统一，促进学生专业知识和职业素质的提升。

（三）大四阶段是学生逐步走出学校进入社会成为一名准职业人的重要阶段

经过前三年的学习、积累和准备，大四时许多学生将踏上实习岗位开始全新的生活。这一阶段班主任的工作重心在于加强对学生的就业与创业指导，做好学生毕业实习的教育管理工作。大四伊始，班主任就应当帮助学生树立正确的就业和择业观念，根据自身的条件和兴趣爱好明确自己的就业目标和求职意向，并不断调整修正和完善。班主任应当对学生进行就业政策宣讲、求职与就业技巧指导，使学生有充足的准备和充分的把握去应对求职就业，提高学生的就业成功率。这一阶段需要班主任紧紧围绕促进学生就业这一中心目标投入大量的时间和精力对学生进行就业指导工作。同时，班主任应做好学生毕业实习的教育管理工作。通过现场走访，或电话、QQ、短信、微信等方式进行联系，及时了解学生的实习状况并做好安全防范教育，做好思想、心理上的教育和引导工作，使之适应实习生活，为其进入社会做好心理和思想的准备。

七、学校班主任队伍建设存在的不足

由于在实际操作中的种种原因，当前学校班主任队伍建设还存在一些不足，这主要表现在：

（一）新人当班主任居多

许多学校都是依靠刚参加工作的教师当班主任，一方面是学校出于想尽快使新教师融入学生，了解学生情况，以便今后更好地开展工作；另一方面是因为新来的教师刚入校比较听话，对于上级安排的任务都会无条件答应，且其本身也有尽快融入学校和学生、做出一番业绩来证明自己的心理需求。然而，新进校的教师担任班主任多半是从校门到校门，缺乏实际的教学经验与学生管理经验，且由于刚到学校，对学校的整体情况和各项规章制度尚不熟悉，有的新进校教师甚至还没有一些大二、大三的学生熟悉和了解具体情况，因此在实际工作中很难给学生提供有效的帮助。另外，由于许多新教师都要承担较重的上课任务，因此，精力不够、政策不熟、力度不到等问题也会随之产生。与此同时，新教师往往正面临或即将面临恋爱、婚姻、住房、育儿等个人问题，很难有足够心思和精力来做好班主任工作。

（二）带着任务当班主任

由于大多数学校对于教师职称晋升都有一定学生工作经历的年限要求，许多教师为了晋升职称不得不兼任班主任工作，但其内心往往是不愿意的，因此在实际行动中就表现得较为懈怠。有的班主任长期不与学生联系，经常以各种理由推脱参加学生的各类活动，对于学生的思想、学习、生活情况也知之甚少，很少对学生有深入的交流和细心的关怀，带有明显功利色彩和任务观念，在班主任工作中出现了主动性和积极性明显不足的现象。

（三）对班级工作投入力度有限

实事求是地说，学校班主任的工作是比较辛苦的。他们一般都是身兼数职：作为教师，班主任要寓德于教，充分发挥本学科潜在的德育功能，尽力上好课；作为研究人员，班主任要追踪学科前沿，发表科研成果；作为班集体建设的领导者，班主任要更多地关注每一个学生的发展，尽力满足每一个人不同的发展需要。

当一个人身兼几种角色时，当目前职称导向、教学导向明显强过育人导向时，班主任便无法投入更多精力去做好班级工作，甚至有时连投入班级工作的时间也是没有保证的。

那么，究竟为什么会出现老师不愿意当班主任的情况呢？原因恐怕有五：一是班主任工作事无巨细，工作繁杂，尤其是当个别学生出现突发事件或者出现班主任管理上的漏洞时，承担的责任大。二是学生数量多，需要投入的精力大。由于近年来高校扩招，学校的学生人数与日俱增。面对数量庞大的学生群体，许多学校只好采取一名班主任同时管理几个班级的措施，无形中增加了班主任的工作量。三是部分学校班主任待遇落实不到位，不利于也不能够调动教师当班主任的积极性或者说不能产生激励效应。四是部分班主任对育人工作重要性认识不到位。五是辅导员与班主任制度存在职责不清、管理交叉的问题，容易造成辅导员领导班主任的感官印象。

八、加强学校班主任队伍建设的思考和建议

应该说，纵然有诸多原因影响教师担任班主任工作，但班主任工作的重要性是显而易见的，班主任队伍建设更是一项紧迫而系统的工程，必须予以加强。

（一）从指导思想上重视班主任队伍建设

对辅导员队伍建设，中央有明确要求，也有明确考核机制，而班主任工作主要靠学校自觉，相对难以引起主要党政领导和全校上下的重视。正因为这样，我们认为，各校党委必须从加强和改进大学生思想政治工作，从切实推进全程、全方位、全方面育人的高度认识问题，从培养社会主义现代化建设优秀接班人和合格接班人角度认识问题，从学校校友队伍建设、品牌建设和可持续发展高度认识问题。

从教师角度来看，其应该认识到，育人是人民教师的崇高职责，承担班主任工作是教师应尽的义务；做班主任工作也是一种锻炼，一种经历，是人生的宝贵财富，也是教师特有的人生体验，意义重大，他人无法替代；有机会带班做班主任工作，也是人生一大本事，更是能力和水平的展示，培养一批优秀的学生，终身受益，一生荣耀。

（二）认真做好班主任队伍的选聘配备工作

做好学校班主任的选聘配备工作，是加强班主任队伍建设的首要基础。学校要根据实际工作需要，科学合理地配备足够数量的班主任，为每个班级都配备一名班主任。学校在选拔班主任时，应在学校党委的统一领导下，在学生处及各院系的具体组织下，采取组织推荐和公开招聘相结合的方式进行选拔。

在保证数量充足的基础上，要倡导和选择高层次人员担任班主任工作。从职业道德与职业技能相结合，专业知识与能力培养相结合的角度认识班主任工作，必须倡导和要求下列人员担任班主任工作。一是专业主任承担班主任工作。专业主任是本专业教学培养的主要设计者，也是连接人才培养与行业企业的主要活动者，教学方案的主要实施者，如果能够担任班主任工作，不仅能收到业务和素质双重功效，校内和校外双重效能，而且也有利于带领更多的教师参与到教书育人的工作中来，从而提高整体育人水平和质量。二是高职称专业教师承担班主任工作。高职称专业教师学识渊博，基础扎实，容易受到人们的尊重，也容易影响和教育学生。最近浙江大学出现的院士当班主任效应就能很好地说明问题，如能发挥高职称学术带头人作用，则班主任工作也会收到事半功倍的成效。三是高学历教师承担班主任工作。高学历教师见多识广，资源丰富，往往也受学生崇拜和尊重，让这些教师担任班主任工作，既会得到学生的喜爱，也有利于引导学生走上爱学习、爱钻研、爱知识的好轨道，必然有利于学风建设。

（三）大力加强班主任队伍的培养培训工作

加强学校班主任队伍的培养培训工作，是提高班主任工作能力和水平的关键。各地教育部门和学校要制订详细的班主任培训计划，建立分层次、多形式的培训体系，做到先培训后上岗，坚持日常培训和专题培训相结合。其中，要重点组织班主任系统学习马列主义、毛泽东思想、邓小平理论、"三个代表"重要思想、社会主义核心价值体系和科学发展观等一系列党的理论成果，了解掌握党和国家的大政方针政策，学习管理学、教育学、社会学和心理学等相关学科理论知识，以及大学生学业与职业生涯规划、就业与创业指导、学生事务管理、心理健康教育等方面的知识。同时，要适时安排班主任进行脱产、半脱产或在职培训进修。通过定期输送一批班主任参加业务培训学习、社会实践和学习考察，不断提高班主任的思想政治素质和业务素质，使其开阔视野、拓展思路、提高解决实际问题的能力，增长做好思想政治教育工作的才干。

（四）合理划分班主任和辅导员的职责

辅导员、班主任是高等学校教师队伍的重要组成部分，是高等学校从事德育工作、开展大学生思想政治教育的骨干力量，是大学生健康成长的指导者和引路人。可见班主任和辅导员的地位、性质和作用有着基本的共同点。

尽管如此，他们具体的职责还是不同的。辅导员按照党委的部署有针对性地开展思想政治教育活动，班主任负有在思想、学习和生活等方面指导学生的职责。由此可以看出，班主任和辅导员在工作内容以及工作对象上是不同的。从工作内容来看，辅导员从宏观的角度统筹和兼顾学生的文化、社会活动的组织开展，集中开展学生政治理论学习活动,加强学生的理想信念教育。班主任则侧重于学生教育管理的更加细致和深入,对个别学生的思想问题要给予引导和疏通。从工作对象来看,辅导员负责一个年级学生的思想政治教育工作,而班主任则负责一个教学班级学生的日常管理和思想政治教育。班主任与辅导员之间的关系应当是点和面的关系,班主任工作是对辅导员工作的有益补充。从组织领导来看,他们都在高校院系党组织领导下,独立地从事学生的教育培养工作,是两个平等的教育主体,不存在一方领导和管理另一方的问题,共同对院系党组织负责。当然,在实际的工作中,无论是辅导员还是班主任都应当主动和另一方通气,通报学生情况,相互支持和配合,这样才能做好学生的各项教育培养工作,才能避免因辅导员与班主任角色错位产生弱化班主任工作的现象。

(五) 切实为班主任工作和发展创造条件和提供保障

制定促进班主任工作和发展的制度政策,是加强班主任队伍建设的重要保障。要切实为班主任的工作和发展提供资源和有利条件,加强对班主任的物质保障和人文关怀,解决好与班主任切身利益相关的问题。具体而言,一是计入教育教学工作量。建议把教师工作量统称为教育教学工作量,担任班主任就是直接的育人,应该占据一个教师1/4左右的工作量,据此作为考核依据。二是提高报酬和待遇。按照一个班主任带两个平行班相当于1/4工作量的标准,建立相应的报酬和补贴制度,使其达到应有的报酬水平。三是建立奖励机制。除了每年开展优秀班主任评比,并对优秀班主任进行奖励,还要采取更加优厚的措施,如提高奖励标准,必要时可尝试学术或调休制度,即带好三年一届班主任后,可以让教师享受半年学术假或实践假,以鼓励班主任工作。四是完善提拔晋升机制。对班主任工作做得好的教师可以在晋升专业技术职务、提升行政级别等方面予以倾斜,对长期担任班主任工作成效显著的教师可特设岗位给予倾斜。总之,我们在政策上要崇尚担任班主任光荣,在物质上要给班主任尝甜头,在机制上要让班主任有盼头。[①]

---

① 韩晓强,刘铁玲,舒晓红.教师文化素养与师资队伍建设[M].成都:电子科技大学出版社,2017.

参考文献

[1] 阮艳花，张春艳，于朝阳.教育管理理念与思维创新［M］.汕头：汕头大学出版社，2019.

[2] 代静.高等教育管理与教学研究［M］.西安：西安交通大学出版社，2017.

[3] 郭晓雯.高校教育教学管理创新发展研究［M］.北京：北京工业大学出版社，2019.

[4] 刘萍萍，何莹.现代高校教育教学管理现状与创新发展［M］.北京：中国原子能出版社，2021.

[5] 韩晓强，刘铁玲，舒晓红.教师文化素养与师资队伍建设［M］.成都：电子科技大学出版社，2017.

[6] 田方，徐丽丽，吕仁顺.教育教学管理［M］.天津：天津科学技术出版社，2020.

[7] 刘思延.高校教育教学管理实践与创新发展［M］.哈尔滨：哈尔滨出版社，2021.

[8] 周非，周璨萍，黄雄平.教育教学管理与素质培养研究［M］.长春：吉林人民出版社，2021.

[9] 吕浔倩.信息化高职教育教学管理研究［M］.西安：西北工业大学出版社，2019.

[10] 吕冬云.新时代高校教学管理模式与制度创新——评《高校教育教学管理模式创新研究》［J］.中国教育学刊，2023（04）：142.

[11] 王伟梅.学校教育教学管理与思政教育协同育人探论［J］.中学政治教学参考，2023（12）：110.

[12] 石聪.高校教育教学管理改革与发展探讨——评《现代教育理念下的高

校教育教学管理研究》[J].中国教育学刊，2023（02）：121.

[13] 张唐梁.高校教育教学管理理论与实践——评《现代教育理念下的高校教育教学管理研究》[J].中国教育学刊，2022（10）：118.

[14] 周瑞花.在教育教学管理中如何培养学生的创新能力[J].中国教育学刊，2022（07）：104.

[15] 李少云.基于以人为本理念下高等教育教学管理模式的构建探讨[J].湖北开放职业学院学报，2022，35（12）：38-39.

[16] 李效宽，王文平.人工智能背景下高校教育教学管理的创新发展[J].科技资讯，2022，20（09）：187-190.

[17] 徐良，王玲.应用型院校学生完全学分制教育教学管理探索[J].中国成人教育，2022（05）：20-23.

[18] 周瑞花.在教育教学管理中如何培养学生的创新能力[J].中国教育学刊，2022（07）：104.

[19] 陆菁菁.基于创新能力培养的高校教育教学管理[J].科教导刊，2021（05）：24-25+73.

[20] 孙华.高校教育教学管理变革创新的必要性及可行性建议[J].科技视界，2020（30）：96-97.

[21] 祝爽.高等教育教学管理的观念变革和实践创新[J].创新创业理论研究与实践，2018，1（14）：52-54.

[22] ."多维融通、科技赋能"多元化创新教学模式[J].贵州农机化，2023（01）：65.

[23] 郭嘉欣.教师专业学习共同体对教学创新的影响机制研究[D].华东师范大学，2022.

[24] 曹海莹.大数据时代高校思想政治理论课教学方法创新研究[D].中南民族大学，2020.

[25] 王生龙.高校创新创业实践教学研究[D].北京邮电大学，2018.

[26] 李艳静.网络时代高校教学方法创新研究[D].黑龙江大学，2019.

[27] 戴永玉.S大学创新创业教育对大学生创业意向的影响研究[D].三峡大学，2021.

[28] 郭琦.大学创新创业教育课程内容研究[D].北京工业大学，2018.

[29] 姜燕.浅谈高校教学管理创新途径[J].长春师范大学学报，2021，40（11）：146-148.

[30] 刘杨武，罗萍.基于高校创新能力培养目标下的教育教学管理路径[J].黑龙江教师发展学院学报，2021，40（08）：4-6.

[31] 白燕奇.新时代应用型高校创新型教学团队建设研究［J］.产业与科技论坛，2020，19（22）：283-284.

[32] 裴炳智.浅谈高校教学管理创新的必要性与对策［J］.才智，2020（03）：40.